À mon frère Paul

# Liminaire

*L*a pensée se comble d'incertitudes par rapport à la valeur inconnue des états physiques universels. Le questionnement se poursuit sur la trajectoire des réalités, à travers des prises de conscience successives. Les réponses naissent d'une compréhension plus approfondie des phénomènes.

L'angoisse de la méconnaissance diminue dans la transfiguration des idées sur la multiplicité des événements aléatoires. L'analyse de l'ensemble commence par le détail évocateur.

Les pages qui suivent sont un éloge au silence rempli d'universalité. Lumière intérieure en transgression sur l'erreur d'être né, entre la Terre et le reste. La pensée, comme l'Univers, est dépourvue de centre. Son horizon, c'est la menace du vide qui se protège contre la dérive sans réponse.

# Cause première

L à où s'arrête notre pouvoir de compréhension, commence le tout. S'imaginer que le vide fut instigateur de plénitude serait la conclusion d'une logique trop étroite. Le compte à rebours nous mène aux premières fractions de seconde d'une épopée céleste, que les cosmologistes appellent l'origine de l'Univers. La connaissance des recherches qui ont abouti à définir cette origine donne la sensation d'un retour vers l'infranchissable.

*Des éternités m'avaient enfermée dans le circuit de la pensée entre le début que j'avais essayé de comprendre et la fin que je voulais chasser au-delà des limites possibles ou imaginables. Les fins poursuivent des fins. Jusqu'au moment de quel tremblement humain?*

*Les hypothèses entraînèrent ma curiosité vers le domaine de l'impalpable. À la mesure de la pensée, l'Univers doit avoir eu une origine, comme les grands ensembles créés ou autocréés. Je compris que toute naissance était porteuse des germes de la disparition et que les premiers instants furent lourds de volonté. Depuis toujours, le ciel fut mirage et lieu de recueillement pour l'œil fasciné de parler aux étoiles.*

Le principe de la «Cause première» fut l'obstination permanente des esprits chercheurs désireux de connaître la naissance de l'Univers. En 340 avant Jésus-Christ, le philosophe grec Aristote envisagea une cosmologie géocentriste qui assignait à la Terre, immobile, le rôle d'un centre universel, autour duquel le Soleil, la Lune, les planètes et les étoiles tournaient de façon circulaire. La théorie de la perfection a continué de favoriser la Terre dans le modèle plus complexe de Ptolémée, au II$^e$ siècle avant Jésus-Christ. Le Soleil, la Lune et cinq planètes : Mercure, Vénus, Mars, Jupiter et Saturne tournaient autour de la Terre, sur des orbites individuelles.

Il a fallu plus d'un millénaire pour que la vision héliocentriste de l'Univers démolisse le rôle usurpateur de la Terre dans les affaires célestes. Ce fut le tour du Soleil de regarder sans trêve les planètes tourner autour de son foyer de magie lumineuse, sur des orbites circulaires.

En 1514, Nicolas Copernic, prêtre polonais, osa défendre la suprématie du Soleil dans le ciel des astres et des humains. Plus tard, en 1609, l'astronome italien Galilée confirma et compléta les découvertes de Copernic en inscrivant dans l'inventaire des planètes les satellites de Jupiter. Le caractère circulaire des trajectoires célestes, sous leur forme géométrique idéalisée, fut remplacé par le modèle de l'ellipse. L'astronome allemand Johannes Kepler, basé sur les observations de l'astronome danois Tycho Brahe, dont il était le successeur, suggéra, en 1609, que les planètes décrivaient des orbites elliptiques, le Soleil occupant l'un des foyers.

Les mouvements des objets terrestres et cosmiques furent immortalisés dans une œuvre monumentale, le plus grand traité de physique jamais composé par un cerveau humain. *Philosophiae Naturalis Principia Mathematica,* du physicien et mathématicien anglais Isaac Newton, parut en 1687. Aucun fruit mûri sur l'arbre de la pensée humaine ne peut comparer sa pulpe à cette création de la physique universelle, inspirée par la chute d'une pomme.

*C'est avec le respect réveillé dans les parages du génie que j'ai essayé de comprendre le mécanisme de la raison pure que nous livrait Newton, en parcourant les lois motrices des objets et la gravitation universelle.*

Si les étoiles s'attirent entre elles, car le mouvement des corps ne cesse jamais, une catastrophe cosmique semblerait inévitable. Les soleils, grands et petits, tomberaient tous au même endroit. Newton comprit qu'un phénomène devait empêcher l'Univers de se nourrir de ses propres astres. Ce phénomène tenait de l'existence d'une infinité d'étoiles, distribuées uniformément dans un espace infini.

Le cosmos, sans commencement et sans fin, stimula l'imagination des scientifiques qui, pendant plusieurs siècles, embrassèrent le modèle de l'infinité des corps, distribués dans un espace universel infini, dépourvu d'un point central de convergence.

*Je pensais à cette éternelle lumière envahissant les coins les plus sombres des gouffres de misère cosmique avec la joie d'une éventuelle conquête de la vie après la vie. Pourrait-on mieux expliquer ces comas pré ou post mortem, en quête d'une récompense arbitraire, si la nuit disparaissait pour laisser la place aux rayonnements perpétuels?*

En 1915, le génie d'Albert Einstein, projeta sa flamme sur l'horizon de tout un siècle et au delà, par la formulation de la fameuse théorie de la Relativité générale, qui attribua à la force de gravité une dimension universelle. Einstein ne cessa pas de croire en un Univers statique. Il introduisit une constante cosmologique dans ses équations et fit appel à la force d'anti-gravité qui devait naître dans ce qu'il définissait comme le continuum espace-temps. La dilatation de ce continuum contrebalancait le phénomène d'attraction de la matière dans l'Univers, expliquant ainsi son caractère statique.

La troisième décennie du XX$^e$ siècle vit se continuer cette extraordinaire manifestation d'énergie scientifique. En 1929, l'astronome américain Edwin Hubble publia le résultat de ses recherches sur l'apparente fuite des galaxies, ou le décalage vers le rouge cosmologique. M$^{gr}$ Georges Lemaître, astrophysicien et mathématicien belge, démontra que ce n'étaient pas les galaxies qui se déplaçaient, mais le tissu spatial qui se dilatait. Le mouvement de séparation entre les amas composés de milliards d'étoiles était dû à l'expansion de l'Univers. Un ballon à taches peintes. On le gonfle, les taches s'éloignent les unes par rapport aux autres. La notion d'Univers statique fut ainsi rejetée. Une nouvelle étape commença dans la recherche des origines du cosmos. À un certain moment, dans un passé dont la résonnance échappe à l'ouïe de notre cerveau, aurait dû se produire la naissance du tout, dans une parfaite simplicité.

Il fut un instant, celui que l'Univers ne revivra qu'après son déclin, prélude à sa succession, quand la densité de l'Univers et la courbure de l'espace-temps avaient dû être infinies. Cet instant fut appelé le Big Bang. Le point de grande tension explosive, où les théories se confondent et disparaissent, est connu sous le nom de singularité du Big Bang.

*Le parallélisme de nos vies, consommées par un temps psycho-*
*logique commun, donne l'impression d'une infinité de cerveaux*
*solitaires contemplant la machine universelle activer son* per-
petuum mobile *d'espace-temps et de matière.*

*La nécessité d'un début foudroyant de volonté est similaire à*
*celle d'un passage au crépuscule des dieux. Entre les deux, ap-*
*paraît le vivant pour que l'Univers se réinvente dans sa prunelle.*

En 1965, Arno Penzias et Robert Wilson, physiciens aux laboratoires de la compagnie Bell Telephone dans le New Jersey,
ont testé un détecteur d'ondes centimétriques ou micro-ondes,
similaires aux ondes lumineuses, mais avec une fréquence de
milliards d'onde par seconde. Leur instrument capta un bruit
étrange, ne venant d'aucune direction particulière. Son intensité ne changeait pas avec la position du détecteur. C'était un
son nouveau, venant de l'extérieur de l'atmosphère, qui per-
sistait jour et nuit, tout le long de l'année et duquel n'étaient
responsables ni les pigeons qui laissaient leurs résidus, ni les
éventuelles distorsions dans le fontionnement de l'appareil. Un
rayonnement plus éloigné que notre Système Solaire, témoin
d'une opération cosmique à cœur ouvert, d'un accouchement
à douleur explosive de l'Univers, réminiscence fossile du Big
Bang. Penzias et Wilson s'écrièrent : «si ce n'est pas des fientes
d'oiseaux, nous avons découvert les origines de l'Univers».

La confirmation de cette découverte vint des travaux des physiciens de Princeton, Bob Dicke et Jim Peebles, qui étudiaient
l'existence d'un rayonnement provenant d'une phase primi-
tive, très chaude et très dense de l'Univers, et dont la lumière
ne pouvait nous atteindre que maintenant. Le décalage vers

le rouge, conséquence de l'expansion de l'Univers, pouvait expliquer l'anisotropie du rayonnement cosmologique fossile, un rayonnement centimétrique ayant la température d'environ 2,7 degrés Kelvin ou quelques degrés au-dessus du zéro absolu (-273⁰ C).

Ce fut aussi la confirmation des hypothèses du physicien et mathématicien russe Alexandre Friedmann qui, en 1922, avant la découverte de Hubble, avait prédit que l'Univers, contrairement à la théorie d'Einstein, ne devait pas être statique. En partant des notions d'attraction gravitationnelle et d'expansion, Friedmann élabora trois modèles, devenus classiques pour notre vision de l'Univers.

Dans le premier modèle de Friedmann, l'espace est courbé sur lui-même. Son expansion a une finalité. Dans le deuxième modèle, l'espace courbé en forme de selle, est infini. Dans le troisième modèle, l'espace est plat, donc également infini. Le taux d'expansion de l'Univers et sa densité moyenne sont des facteurs décisifs pour la détermination du vainqueur dans la lutte entre l'expansion et l'attraction gravitationnelle. Si la densité de l'espace est inférieure à une valeur critique, la force qui attire les masses ne s'exercera que d'une manière faible, permettant ainsi à l'expansion de continuer sans trêve. Quand la densité dépasse une valeur critique, l'attrait des corps s'exerce avec force et le destin de l'Univers le pousse de façon implacable vers la phase de contraction.

Les modèles de Friedmann sont basés sur une seule réalité. Celle d'un début, un moment dans le passé quand la courbure de l'espace-temps et la densité de l'Univers étaient infinies. Le prélude au Big Bang devient un écho immatériel pour la résonance des événements cosmiques.

*L'immensité se reflète dans un espoir : la mortalité dissoute. La vérité des instants intouchables se révèle pour des fractions d'éternité. Je rêve d'un détachement parmi les matières enceintes de primordialité.*

Le fait d'admettre la naissance de l'Univers était de nature à compliquer l'image de son apparition, beaucoup plus conforme aux aspects énigmatiques qui lui étaient assignés.

En 1948, les Autrichiens Hermann Bondi et Thomas Gold émirent, avec le Britannique Fred Doyle, la « théorie de la création continue», selon laquelle de nouvelles galaxies auraient été créées continuellement dans le vide intergalactique laissé par l'éloignement des galaxies plus anciennes. L'Univers aurait ainsi le privilège d'avoir la même sérénité depuis toujours et pour toujours. La dualité, effet sans cause, d'une origine explosive de l'Univers, fut matière à réflexion pour le plus grand génie du XXᵉ siècle depuis Einstein, le cosmologiste et physicien anglais Stephen Hawking. Atteint par la maladie de Lou Gehrig, cet être prisonnier d'une infirmité totalement débilitante, a été béni par le don de pouvoir accéder aux vérités absolues.

Partant de la théorie quantique de la gravitation, et par ses propres calculs mathématiques, Hawking émit l'hypothèse selon laquelle l'espace-temps n'aurait pas de limites. Avec le mathématicien britannique Roger Penrose il souligna que le début du temps aurait été un point de densité infinie et d'infinie courbure de l'espace-temps. Les lois physiques de l'Univers deviennent absurdes et incohérentes à la naissance du temps.

Le champ gravitationnel aurait eu une intensité si grande que les effets quantiques auraient dominé le tout. La théorie quantique de la gravitation serait la seule qui s'adapterait aux états primitifs de l'Univers.

«La condition aux limites de l'Univers est qu'il n'a pas de limites», dit Hawking. Dieu et les lois physiques ne pourraient plus être à l'origine d'un début sans limites.

*L'Univers incompris et redoutable dans son habit de mystérieuse indépendance se contiendrait en lui-même, jamais créé, jamais détruit, parfait dans son éternelle condition d'être.*

*Les battements de mon cœur justifient l'erreur de l'existence. Elle reviendra d'ailleurs, avec les vibrations des quanta primaires, debout sur l'arche des élus, pour mimer l'ordre des premières fractions de seconde et de matière.*

*Lisse, comme la lueur d'une fluctuation aléatoire, la condition initiale du temps se propage dans les veines de son émancipation physique.*

Au début des années 1990, le satellite COBE (Cosmic Microwave Background Explorer) détecta des variations minuscules dans la température du rayonnement de fond micro-ondes qui habite l'Univers pour témoigner de ses débuts explosifs. Ces variations dérivaient du caractère inhomogène du plasma primordial. Elles générèrent plus tard les structures à grande échelle du cosmos, les ensembles galactiques.

En janvier 1999, dans un rapport spécial sur l'évolution de la cosmologie, paru dans la revue *Scientific American,* il fut révélé que les dimensions des structures primordiales indiquaient une géométrie plate de l'Univers. Ces observations vinrent confirmer l'expansion inflationnaire de l'Univers dans ses premières fractions de seconde d'existence, après le Big Bang.

Afin de pénétrer plus profondément le mystère du spectaculaire début de l'Univers, l'Administration des États-Unis pour l'étude de l'espace a lancé un programme pour détecter l'anisotropie du rayonnement cosmologique fossile, témoignant de l'état de la matière environ 500 000 ans après le Big Bang et dont la température est de 2,7 degrés Kelvin. Ce rayonnement émane de l'instant où l'opacité de l'Univers primitif fut remplacée par la transparence à la lumière qui venait de se séparer de la matière, afin de le diriger vers sa nouvelle architecture cosmique.

Une cartographie détaillée, basée sur les variations de températures, a déjà été réalisée. La navette Planck de l'Agence Spatiale Européenne, qui sera lancée en 2007, produira une carte encore plus précise des variations du rayonnement cosmique micro-ondes.

En 1918, Albert Einstein avait prédit l'existence des ondes gravitationnelles comme une conséquence de la Relativité générale. Les ondes gravitationnelles, telles les ondes radio, peuvent transmettre de l'information sur les sources qui les produisent, ainsi que de l'énergie provenant de ces sources.

Le plasma qui remplissait l'Univers durant ses premières 500 000 années d'existence, était opaque aux radiations électromagnétiques, car tous les photons émis étaient immédiatement dispersés dans la soupe des particules élémentaires. Les ondes gravitationnelles pouvaient se propager à travers le plasma opaque. La théorie de l'inflation prédit que l'expansion explosive de l'Univers à $10^{-38}$ seconde après le Big Bang était la source des ondes gravitationnelles qui ont laissé leur écho dans l'Univers primitif et, 500 000 ans plus tard, des fines ondulations qui peuvent être observées dans le rayonnement de fond cosmique micro-ondes.

*Nous portons l'onde dans le tumulte des instants. Elle nous soulève et nous descend. Plus loin que tous les loins inattendus. Là où se forgent des noyaux d'intelligence cosmique. Là où s'agrège la continuité d'évolution.*

*Le passage à travers la démence opaque se fait librement. Les contraintes se lassent sous la pluie des vagues primaires. Une beauté nouvelle se propage depuis longtemps.*

*Les sillons de l'Univers forment des rides sur mon visage. Des rayons anciens s'y cachent et surgissent à la surface des milliards d'années.*

Vers la fin du XX$^e$ siècle, Alan Guth, chercheur au Massachusetts Institute of Technology, proposa le concept de phase inflationnaire, ou d'expansion très rapide aux débuts de l'Univers. Tout de suite après le Big Bang, le mouvement des particules avait lieu dans des conditions de très hautes températures et énergies. Dans la phase inflationnaire, l'Univers aurait augmenté son volume des milliards et des milliards de fois en une fraction de seconde.

L'inflation explique l'origine de la chaleur dans l'Univers. La décomposition du faux vide qui a précipité l'Univers primitif dans une expansion inflationnaire et l'énergie dégagée dans ce processus sont responsables de l'immense chaleur initiale. La diminution considérable de cette chaleur a donné naissance au rayonnement cosmique micro-ondes. L'inflation explique aussi l'aplatissement de l'Univers, suggérant qu'il serait parti d'une région minuscule qui fut soumise à un facteur inflationnaire colossal. Enfin, l'inflation explique les inhomogénéités de densité, semences des structures galactiques, créées par l'inflation des fluctuations quantiques à des échelles astronomiques.

Le caractère éternel de l'inflation suggère qu'une région de faux vacuum pourrait produire une infinité d'univers, de formes très diverses. Une mort glaciale de notre Univers, dans l'hypothèse d'une expansion continue, pourrait être remplacée par une fin due à la contraction d'autres univers. Leur vie serait perpétuelle, car le déclin de l'un engendre la naissance de l'autre.

*Succession d'existences dans le circuit diabolique de l'arrivée et du départ. L'urne des cendres d'univers répand sa puissance chancelante sur les gloires des miracles futurs.*

*Les fleurs des mondes inconnus ouvrent leur corolle au carrefour des ténèbres et des lumières. Dans sa globalité, la race des univers, comme celle des humains, ne connaît pas d'échec. J'allume une bougie-étoile pour l'âme des immensités disparues. Leur souffle ne l'éteint pas. Des cœurs de joie dispersent les promesses.*

Grâce aux observations récentes faites par le satellite COBE et les expériences en ballons stratosphériques (Balloon Observations of Millimeter Extragalactic Radiation and Geophysics – BOOMRANG et Millimeter Anisotropy Experiment Imaging Arra – MAXIMA), on a trouvé des variations de température indiquant une certaine granularité de l'Univers primitif. La lumière est décalée vers le rouge par des flocules de densité qui apparaissent comme des taches froides, germes de condensation des futures galaxies. Il a été également observé que les rayons lumineux dans l'Univers sont parallèles sur tout leur trajet, ce qui démontre le caractère euclidien de sa géométrie.

*Les rayons ne se touchent jamais. Au cœur des gerbes de lumière est blottie l'angoisse des routes sans croisement. La suprématie d'une géométrie euclidienne gouverne les lois universelles.*

# Folles matières

Un vent de plénitude balaye les instants de l'Univers primitif. Il se forme des particules qui se mettent à composer les mondes à venir.

L'atome est divisible. Pour le constituer, un bouillon primordial faisait danser les bébés de la matière. Aristote croyait en sa continuité, divisible jusqu'à l'infini. Démocrite percevait une matière granuleuse, composée de particules indivisibles (en grec : atome). Des centaines d'années ont lavé les socles de ces principes physiques, diamétralement opposés.

Au début du XIX$^e$ siècle, le physicien britannique John Dalton déchiffra les composés chimiques de la matière, en se basant sur des regroupements d'atomes, en molécules.

En 1900, le physicien britannique Ernest Rutherford pénétra les entrailles des particules, en plaçant l'électron, de masse minuscule, découvert auparavant par J. J. Thomson, à l'intérieur de l'entité considérée comme indivisible. L'atome de Rutherford était composé d'un noyau avec des particules chargées positivement, appelées protons, autour duquel gravitaient les électrons, de charge négative.

En 1905, Einstein définit le mouvement brownien, dû à la collision des particules de poussière en suspension dans un liquide avec les atomes du liquide.

Suivirent des années riches en découvertes. James Cadwick, de Cambridge, constata que le noyaux de l'atome contenait, à part le proton, de charge positive, le neutron, d'une masse similaire, mais dépourvu de charge électrique.

Même si les briques de la structure fondamentale de la matière étaient découvertes et mises en place, la perception de l'indivisible continuait à planer, cette fois-ci sur les constituants du noyau atomique, les protons et les neutrons.

C'est par des expériences qui favorisaient les continuelles collisions entre particules que les rayons de la découverte pénétrèrent leur intimité. Il fut démontré que le proton et le neutron se divisaient, chacun en trois particules élémentaires. Elles furent appelées «quarks», par celui qui les découvrit, le physicien américain Murray Gell-Mann. Leur nom vient de l'expression de James Joyce «Trois quarks pour Môssieur Mark!»

Les quarks ont des saveurs nommées : up, down, strange, charmed, bottom et top – u, d, s, c, b, t – (les noms anglais des saveurs sont conservés en français). Chaque saveur peut avoir trois couleurs : rouge, verte et bleue. Saveurs et couleurs; étrange phénoménologie de combinaisons génératrices de matière. Le proton est composé de deux quarks up et un quark down, tandis que le neutron a deux quarks down et un quark up. Chacun des trois quarks, dans le proton ou le neutron, a une autre couleur. Les saveurs s, c, b, t permettent la constitution de particules beaucoup plus massives, qui se désintègrent rapidement en proton et neutron.

Un *Deus ex machina* s'imposa à l'universalité de la pensée sur les fibres divisibles des atomes. La condition de la structure matérielle était établie.

Une pluie de particules tombe sur les racines des masses. Leur croissance interfère avec une tendance à l'annihilation. Le mécanisme stabilisateur intervient dans les laboratoires de la matière. La vitesse de décomposition est un facteur déterminant.

Le 6 juillet 2001, une équipe internationale d'environ 600 physiciens et ingénieurs du Standford Linear Accelerator Center de Californie annonça la découverte d'une faible asymétrie dans la vitesse de désintégration de la particule nommée méson B, par rapport à son antiparticule. Aux débuts de l'Univers, les particules et les antiparticules s'annihilaient mutuellement. De cette lutte, la matière devait sortir victorieuse, pour qu'elle triomphe du rien et que l'Univers se profile à l'horizon de son avenir.

La décomposition asymétrique qui favorisait plus les particules que les antiparticules a été prédite, en 1964, par les physiciens américains Val Fitch et James Cronin, pour des particules appelées mésons K et leurs antiparticules (expérience Fitch-Cronin).

Une diabolique dissonance dans les propriétés des particules et antiparticules serait peut-être la cause de l'existence de la matière dans l'Univers.

*Nous sommes issus d'une violation de la parité des comportements de la matière primordiale.*

*Les gerbes des mondes sous-atomiques me donnent le vertige de l'infiniment petit. Je transpose ma fragilité dans le contexte d'un ensemble marqué par la mortalité. Les particules qui me composent reprendront leur liberté dans un Univers dont je ne représente qu'une phase transitoire.*

*Je prends la branche de l'arbre dans une main et la patte du chat dans l'autre. Sous la pluie des particules, nous formons une chaîne, en lutte pour sa continuation. Elle me donne le désir de piétiner la douleur. Mes larmes n'éteignent pas l'angoisse de la désintégration prématurée.*

*Je suis née de la matière qui me dévore pour me relancer dans son circuit universel.*

*Ce soir, entre tous les soirs, j'ai envie de cracher le tic-tac de la montre qui m'abîme.*

Selon la théorie des quanta, l'état d'une particule est représenté par une fonction d'onde. Celle-ci est exprimée par une valeur qui montre la probabilité qu'une particule occupe une certaine position dans l'espace. La vitesse probable de cette particule est donnée par la cadence avec laquelle la fonction d'onde évolue d'un point à l'autre de l'espace.

La fonction d'onde ne peut pas préciser la position et la vitesse exactes d'une particule, ce qui satisfait le « principe d'incertitude » formulé, en 1926, par le physicien allemand Werner Heisenberg.

La cadence de l'évolution de la fonction d'onde dans le temps est définie par l'équation de Schrödinger. Cette équation nous permet de calculer son aspect à n'importe quel moment du passé ou de l'avenir, si la fonction d'onde est connue à un moment donné. Ce n'est pas la position et la vitesse des particules que l'on peut connaître à la fois, mais plutôt l'état de leur fonction d'onde. Cela démontre que la théorie des quanta n'est pas totalement probabiliste. Un certain déterminisme reste accroché à l'état de l'évolution des particules, par l'existence de leur fonction d'onde.

Le nom de Schrödinger est rattaché à son fameux «chat» qui, placé dans une boîte noire, dans laquelle un gaz toxique est introduit, se transforme en fonction d'onde. Deux réalités se présentent à l'esprit. Une, dans laquelle le chat est mort, et l'autre, dans laquelle le chat est vivant, selon un certain degré de probabilité. Cette expérience imaginaire a permis à Schrödinger de comprendre et d'expliquer la notion de fonction d'onde qui se trouve à la base de la Mécanique quantique.

Le dédoublement de tout élément de matière ou d'énergie en onde et particule constitue la folie de la théorie quantique du microcosme.

*Les éléments des corps célestes et de nos corps terrestres vivent la psychose quantique. Chaque front roule sur le tapis du hasard. La fréquence de ses ondes remplit son vide existentiel.*

*Quand je volerai, oiseau de glaise, mes ailes raconteront au ciel la chanson de mon cœur d'onde.*

Les particules existent seulement quand on les observe. L'électron, le photon, une fonction d'onde, ne sont pas, mais deviennent. L'observation crée leur existence.

Le champ électrique autour d'un électron peut générer des photons virtuels, d'une si courte durée de vie, qu'ils ne sont pas détectables. L'électron devient ainsi le noyau d'un microcosme de photons virtuels, véritable auréole d'incertitude. Le nuage de virtualité est une enveloppe d'énergie. Un micro-cosme similaire entoure le proton. Celui-ci est le centre d'un nuage de particules et d'antiparticules. On y trouve des paires protons-antiprotons et des photons gamma. Chaque particule virtuelle s'entoure également d'un microcosme virtuel et le processus continue indéfiniment. La tranquillité disparaît dans la réalité quantique. Les particules ne sont jamais au repos. Des paires particule-antiparticule réelles peuvent être créées dans le vide, si le taux d'énergie est assez élevé.

Selon la loi de la conservation, le nombre d'électrons et de protons, qui sont des particules de matière, ou fermions, est invariable. Les bosons, qui sont des particules d'énergie, sont libres de proliférer. La gestation de la matière se fait dans le vide qui vibre à la moindre fluctuation de ses champs.

C'est un vide nerveux, irritable et riche en énergie, qui dé-clenche les matières cosmiques, dont le sort se joue à la rou-lette de ses fluctuations.

*Les énergies virtuelles répondent au cri de l'existence future. Des cohortes se frôlent, se heurtent et s'annihilent dans la prison quantique. Réel-virtuel, tout est similitude. L'inquiétude des champs nourrit la matière et sa lumière*

# Forces

Les particules qui constituent la matière et la lumière ont une propriété appelée «spin». Elles tournent comme de petites toupies. Une particule de spin 0 est comme un point, celle de spin 1, une flèche et enfin celle de spin 2, une flèche à double tête.

Les particules de la matière ont un spin de 1/2; elles reprennent leur aspect original après deux révolutions complètes. Le physicien autrichien Wolfgang Pauli découvrit, en 1925, le « principe d'exclusion », selon lequel deux particules semblables ne peuvent occuper ensemble la même position, ni avoir la même vitesse dans les limites données par le principe d'incertitude. Le principe d'exclusion permet aux quarks de s'unir pour créer des protons et des neutrons et à ces derniers de constituer les noyaux qui, avec les électrons, forment les atomes.

Sans le principe d'exclusion, l'Univers serait une soupe dense et uniforme. Aucun élément chimique ne pourrait se former, car l'effondrement des particules empêcherait l'apparition des atomes. Les lois qui régissent le comportement des particules de matière sont les roues minuscules de l'engrenage universel.

La matière est dominée par quatre catégories de forces, générées par les particules à spin 0, 1 et 2.

La force gravitationnelle est une force attractive, faible, qui se manifeste à l'échelle universelle. Les particules ressentent la force de gravité en fonction de leur masse et de leur énergie. La force de gravité qui s'exerce entre deux corps est attribuée à l'échange de gravitons entre les particules qui les constituent. L'évolution du cosmos est marquée par la force de gravité en lutte contre l'expansion universelle.

En 1865, le physicien britannique James Clerk Maxwell a unifié les forces de l'électricité et du magnétisme. La force électromagnétique s'exerce à l'intérieur de l'atome. Elle peut être répulsive, quand elle agit sur deux électrons chargés négativement, ou attractive, quand elle agit sur un électron et un positron, chargé positivement. L'attraction électromagnétique est due à des particules virtuelles sans masse, de spin 1, nommées photons échangés. Quand un électron saute d'une orbite à une autre en se rapprochant du noyau, de l'énergie est émise sous forme de photons, particules composantes de la lumière. Le phénomène inverse se produit, quand un photon heurte un atome. L'électron saute d'une orbite proche du noyau à une orbite plus éloignée et le photon est absorbé.

La force nucléaire faible, responsable de la radioactivité, agit sur toutes les particules de matière de spin 1/2 et non pas sur les particules d'énergie, le graviton et le photon. Les interactions nucléaires faibles se font à l'aide des particules d'énergie de spin 1, W+, W- et $Z^0$, connues sous le nom de bosons vectoriels lourds. L'importance des théories unifiées devint évidente par la découverte de l'unification de la force électromagnétique avec la force nucléaire faible.

À la fin des années 1960, les physiciens Steven Weinerg, Abdus Salam et Sheldon Glashow ont démontré que la force nucléaire faible et la force électromagnétique ne représentaient que les différents aspects d'une seule force dénommée électrofaible. L'unification a eu lieu à des niveaux très élevés d'énergie et leur symétrie fut brisée au moment où l'Univers s'est refroidi sous la température critique d'environ $10^{15}$ degrés Kelvin. C'était la température de l'Univers âgé de $10^{-11}$ seconde. De telles énergies ayant été obtenues dans les accélérateurs de particules, la théorie électrofaible a pu être démontrée de façon expérimentale.

La brisure de la symétrie des forces fut expliquée par un mécanisme basé sur la notion de « champs de Higgs », d'après le nom du physicien britannique Peter Higgs, qui la définit en 1964. Les « champs de Higgs » agissent comme des briseurs de symétrie, au moment où le système atteint son plus bas niveau d'énergie. Les « champs de Higgs » seraient porteurs d'une particule énorme connue sous le nom de boson de Higgs. Au cours d'expériences faites dans les accélérateurs de particules au CERN, à Genève, et au laboratoire Fermitab de l'État de l'Illinois, aux États-Unis, on essaye de créer le boson de Higgs, par la collision de particules, à des niveaux d'énergie suffisamment élevés.

La dernière force qui exerce son influence sur la structure de la matière est l'interaction nucléaire forte. Celle-ci retient les quarks ensemble dans le proton et le neutron, et ces deux particules ensemble dans le noyau de l'atome. La particule qui véhicule la force nucléaire forte s'appelle gluon et elle agit sur les triplets de quarks, selon leur couleur, afin que la combinaison sortante soit le blanc (rouge + vert + bleu = blanc). La particule qui agit sur le quark et l'antiquark s'appelle méson et elle est instable en raison de leur possible annihilation.

L'unification des forces électromagnétique et nucléaire faible étant un fait établi, il fut évident que la prochaine étape devait être l'établissement d'une théorie unifiée de ces forces avec l'interaction nucléaire forte. Ainsi naquit l'idée de la théorie de la grande unification ou GUT (de l'anglais Grand Unified Theory). Stephen Hawking et d'autres physiciens et astrophysiciens cherchent aujourd'hui à réaliser l'unification des théories quantiques de la matière avec la gravitation universelle, pour aboutir à la théorie quantique de la gravitation.

*Aux débuts de l'Univers, les particules et antiparticules se heurtaient et se détruisaient mutuellement. Une lueur d'espoir laissa la porte de l'imagination ouverte sur la possibilité d'une victoire prédestinée. Celle de la particule sur l'antiparticule. De la disparition spectaculaire des premières gouttes de matière, la mémoire ne retient que la survie d'un seul quark, celui qui deviendra l'artisan du tissu universel.*

*L'unification des forces à l'origine de l'aventure cosmique déclenche le miracle de l'unité. Les atomes de notre peau l'habitent pour créer la perspective de l'être. L'équilibre s'établit entre toutes les forces qui le tourmentent, au retour vers la naissance, en passant par la mort.*

*Nous arrivons de loin, de l'absolu primaire, dans cette existence dictée par la volonté de continuation. Les forces nous livrent aux tumultes passagers avec la rigueur des lois. Quand la lumière nous aura repris, nos atomes auront cessé de naviguer entre des mondes illusoires pour continuer le chemin de retour vers le point où les forces étaient une.*

*Des forces entre tous les nous et tout le reste, afin que l'âme ne quitte pas le cœur avant le corps.*

# L'espace  Le temps

*Mes parois s'écroulent. Mon cœur se place à ma droite. Ma tête devient un cercle. Je suis l'être à deux dimensions. Je tourne autour de moi-même et mon volume est taillé par la volonté universelle. Quel espace m'accepte dans sa plénitude? Quel temps me prépare aux surprises du vivant?*

Les concepts d'un espace et d'un temps absolus furent utilisés par Newton à l'échelle universelle. Malgré leur caractère indépendant, dans son esprit, le temps et l'espace coexistaient. Newton voyait l'espace comme étant l'agent responsable de la résistance des particules à l'accélération.

La transformation de l'espace et du temps en nombres fut rendue possible grâce au système de référence géométrique inventé par le philosophe, mathématicien et physicien français René Descartes. L'usage des coordonnées permet d'assigner à chaque point dans l'espace et le temps une valeur numérique précise. L'espace a trois dimensions, le temps une seule.

Maxwell considéra que l'espace, sous l'habit de l'éther, avait la vocation de transmettre, par ses ondulations, les perturbations électromagnétiques.

La relativité peut être définie comme l'abolition de l'espace absolu. La Relativité restreinte abolit l'espace absolu, au sens de Maxwell, et la Relativité générale l'espace absolu, au sens de Newton.

L'espace et le temps sont des quantités dynamiques. Quand un corps se meut ou quand une force agit, cela affecte la courbure de l'espace et du temps. Par conséquent, la structure de l'espace-temps affecte la façon dont les corps se meuvent et dont les forces agissent.

L'espace est homogène. Il ne peut pas modifier la vitesse des objets. L'impulsion d'un système, sur lequel n'agit aucune force extérieure, est conservée. La variation de l'impulsion est toujours liée à la présence d'une force. Le comportement des corps est le même en tous les points de l'espace vide. L'absence de lieu privilégié exclut tout centre. La raison profonde de la conservation de l'impulsion est donc l'homogénéité de l'espace.

L'espace est isotrope, c'est-à-dire qu'il se caractérise par l'absence d'une direction privilégiée, d'un axe du monde. L'Univers n'a pas de centre, car dans son expansion uniforme, à partir de n'importe quelle galaxie, on pourrait voir les autres s'enfuir, à une vitesse proportionnelle à la distance qui les sépare.

*L'attribution d'une valeur spatiale et temporelle à l'entité que nous sommes est un privilège universel duquel nous puisons la volonté d'exister.*

*L'image à deux dimensions n'est qu'une projection de la réalité. Elle ne donne pas la vraie identité spatio-temporelle de l'être dans sa permanente mobilité. Les yeux de ce visage planaire sont comme des pétales flétris entre des feuilles d'Univers.*

*L'immensité s'agrège à des champs mobiles entre des instants de stupeur. Départs et arrivées forment des cycles successifs au-delà de l'infini.*

En 1919, Theodor Kaluza, de l'Université de Königsberg en Allemagne, étudiait avec ferveur les implications de la théorie de la Relativité générale. Un jour, son fils, âgé de neuf ans, qui s'amusait avec ses jouets favoris, vit son père se lever, marcher avec une certaine agitation et siffler un air des *Noces de Figaro*. Ce comportement inhabituel était causé par une découverte sensationnelle. Kaluza avait trouvé une version en cinq dimensions des équations de la Relativité générale, qui incluait la gravité. Écrites sous cette nouvelle forme, les équations d'Einstein devinrent celles de l'électromagnétisme de Maxwell. Kaluza, ingénieux mathématicien, avait uni la gravité à l'électromagnétisme en ajoutant une cinquième dimension à l'Univers.

Quelques années plus tard, le physicien suédois Oskar Klein appliqua les idées de Kaluza à la théorie quantique. Le comportement des particules élémentaires, tels les électrons, pouvait être décrit en physique quantique par une série d'équations à quatre variables. Le modèle standard de ces équations fut appelé «équation de Schrödinger», d'après le physicien autrichien qui les utilisa pour la première fois. Klein réécrivit l'équation de Schrödinger avec cinq variables au lieu de quatre et démontra ainsi que les solutions pouvaient être représentées sous la forme d'ondes-particules dont le mouvement serait influencé par les champs gravitationnel et électromagnétique. Après cette découverte, toutes les théories selon lesquelles les champs étaient représentés par plus de quatre dimensions furent connues sous le nom de Kaluza-Klein.

Dès 1926, la gravité fut incorporée avec l'électromagnétisme dans la théorie quantique. Le nombre de dimensions N de l'espace augmente en fonction du nombre de forces et de champs. Même si N=8 semblait plus logique, les spéculations des physiciens placèrent la supergravité dans différentes enveloppes dimensionnelles. Le modèle, le plus élégant du point de vue mathématique, fut celui de l'espace à onze dimensions, dont quatre connues et sept supplémentaires.

L'Univers serait né dans un état d'énergie à onze dimensions, où forces et matière n'étaient pas encore distinctes. Au fur et à mesure que l'énergie se dissipait, les dimensions s'enroulaient, créant les structures de la matière, les particules, et les ondes. Ainsi naquirent les forces, manifestation naturelle d'une géométrie distordue.

*Habiter un espace multidimensionnel, c'est reconnaître la pluralité de l'essence universelle qui nous enlace et nous sculpte. C'est retourner vers les débuts comblés de forces et de champs unifiés dans une représentation spatiale de fertilité prémonitoire.*

*Briser la sphère d'énergie à sept dimensions et peler ses couches pour la gloire d'une origine explosive appartient à la création elle-même. C'est la puissance des premiers espaces minuscules enroulés comme des fœtus dans le ventre de l'énergie cosmique aspirant à la vitalité de l'accouchement.*

*Que reste-t-il en nous des frémissements antérieurs à l'Univers? Peut-être la mémoire ressuscitée d'une conscience à l'autre. Je vis avec les cendres d'anciennes gloires galactiques, engrais de l'Univers qui m'a créée pour se nourrir de ma frayeur face à son immensité.*

En 1974, Joël Scherk et John Schwarz décrivirent la force gravitationnelle, par la théorie des cordes, dans des conditions de très haute tension.

En 1984, les théories des cordes devinrent très répandues. Elles démontraient que les objets de base de l'espace n'étaient pas les particules, qui occupaient un seul point, mais des entités à une seule dimension, la longueur, ayant l'aspect d'une corde extrêmement mince. Ces cordes peuvent être soit ouvertes, soit fermées, enroulées sur elles-mêmes. Si le chemin d'une particule dans l'espace-temps est une ligne, celui d'une corde est une surface bidimensionnelle, appelée « feuille d'Univers ». La feuille d'Univers d'une corde fermée est un cylindre. Dans la théorie des cordes, le mouvement des particules est remplacé par celui des ondes voyageant le long de celles-ci. Les cordes servirent, entre autres, à l'explication de l'existence des particules orientées vers la gauche.

La théorie des cordes n'est valable que dans un espace à multiples dimensions, cachées dans les plis de l'Univers. Elles sont courbes et n'existent que dans un espace infiniment petit (un millième de milliardième de milliardième de milliardième de centimètre). La vie ne peut se développer que dans un espace-temps à quatre dimensions ouvertes, ayant jusqu'à vingt-six dimensions supplémentaires, fortement enroulées sur elles-mêmes.

Après 1985, les scientifiques comprirent que le modèle des cordes avait ses limitations, car celles-ci devaient avoir plusieurs dimensions. Paul Towsend proposa le terme de p-branes, où p représente le nombre de directions sur lesquelles la brane peut s'étendre. Une p = 1 brane c'est la corde, à une seule dimension, la longueur. Une p = 2 brane représente une surface ou une membrane.

Le principe anthropique explique l'existence de la vie dans l'espace-temps à quatre dimensions. Aucune forme de vie ne pourrait exister dans les régions de l'Univers, ou dans d'autres univers, à structure multidimensionnelle de l'espace.

*La raison arrête son mécanisme devant le combat des infinis. Tels des monstres issus d'une gigantesque erreur, ils se lassent de vivre leur éternité. Ils se préparent pour le moment de l'annulation. Les uns après les autres, ils deviennent comestibles. Le cri primaire réveille les cordes enroulées; les feuilles d'univers envoient des ondes de gourmandise à travers les espaces.*

*Un infini annule l'autre, jusqu'au chant du cygne de l'espace-temps. Serons-nous les témoins des chutes universelles? Des infinis se perdent, des infinis renaissent...*

Le premier modèle mathématique du temps et de l'espace fut élaboré par Newton dans son œuvre monumentale, *Principia mathematica,* de 1687. Le temps, selon Newton, était séparé de l'espace et se présentait comme une ligne droite allant vers l'infini d'un côté comme de l'autre, une ligne sans commencement et sans fin. Cette notion de temps éternel entrait en contradiction avec la notion de naissance de l'Univers, qui imposait une limite à son évolution dans le temps.

La notion de temps unique et absolu s'évanouit au début du XX$^e$ siècle après la découverte de la vitesse constante de la lumière, prélude à la théorie de la Relativité.

Einstein proposa, en 1915, un nouveau modèle mathématique, en combinant la dimension du temps avec les trois dimensions de l'espace.

Dans la Relativité générale, le temps est uni à l'espace, formant l'espace-temps dont l'existence n'est pas indépendante de l'Univers et qui se trouve au sein d'une géométrie à quatre dimensions, courbée par la présence de la matière. Einstein formula le concept révolutionnaire selon lequel la force de gravitation était la conséquence de la courbure de l'espace-temps. Les corps suivent des lignes droites dans un espace-temps à quatre dimensions, qui semblent des trajectoires courbes ou géodésiques dans notre espace à trois dimensions. Parce que le Soleil incurve l'espace-temps, la Terre, qui suit une trajectoire droite dans l'espace-temps à quatre dimensions, paraît se mouvoir sur une orbite dans l'espace à trois dimensions.

Stephen Hawking et Roger Penrose ont regardé la structure globale de l'espace-temps qui, selon la Relativité générale, est courbé non seulement par les grands corps mais aussi par l'énergie positive qu'il contient. Ils ont pris en considération le cône de lumière passée, émise par des galaxies lointaines et qui parvient jusqu'à notre époque. Hawking parle de la forme du temps. Si on retourne dans le cône de lumière vers le passé, en descendant du sommet, on entre dans le monde des galaxies de plus en plus anciennes. Le cône de lumière passée traverse le rayonnement de fond cosmique micro-ondes. Il traverse également la matière de l'Univers de plus en plus jeune, qui fait converger les rayons lumineux. En remontant dans le temps, les sections transversales du cône atteignent d'abord des dimensions maximales avant de rapetisser. Le temps a la forme d'une poire.

Hawking et Penrose comprirent que le temps devait avoir commencé avec la singularité du Big Bang. Ils démontrèrent aussi que le temps ne pouvait pas avoir existé en dehors de l'Univers.

*L'étoile brille de vie passée. Elle propage l'odeur du trépas à travers des champs de matière.*

*Des joies éteintes allument le regard du ciel sur des astres nus. L'aube se réveille après le crépuscule des soleils.*

*Le temps a des rondeurs de fruit. Réfraction des rayons de naissance. Temps-espace, matière, sur le cône de la perception.*

Hawking se pencha sur la notion de «flèche du temps». Il lui conféra des propriétés différentes, en fonction du système de référence considéré. En vertu du second principe de la thermodynamique, tout système clos est caractérisé par la croissance, avec le temps, du désordre ou entropie. La flèche thermodynamique du temps va de l'ordre vers le désordre. Pour exprimer la direction du temps qui s'écoule dans la phase de dilatation de l'Univers, il y a la flèche cosmologique. Le passage du temps qui marque la vie et se dirige du passé vers l'avenir est représenté par la flèche psychologique.

Si les flèches psychologique et thermodynamique du temps sont toujours orientées dans la même direction, il n'en est pas de même pour la flèche cosmologique. Il y a des phases dans l'évolution de l'Univers pendant lesquelles les flèches cosmologique et thermodynamique ne pointent pas dans la même direction. Pour que la vie puisse apparaître dans l'Univers, il faut que ces deux flèches soient orientées dans la même direction, la croissance du désordre correspondant à la dilatation de l'Univers. Aucune forme de vie ne peut être liée à la phase de contraction de l'Univers.

*Les morceaux d'une tasse brisée se recollent et l'objet saute sur la table d'où il était tombé. La vieillesse précède la jeunesse. On va du désordre vers l'ordre. Le voyage s'accomplit du futur vers le passé.*

*Étapes d'un système temporel réversible. Ondes et particules. Tout est possible par la dissolution du corps, dans une réalité quantique. Les flèches du temps se croisent et se complètent. Là où se joignent les forces de l'Univers.*

*J'ai parsemé des temps morts sur le chemin de ma solitude, pour que l'espace me tire jusqu'à son infini.*

Il existe aussi un temps imaginaire, qui est défini par un modèle mathématique utilisant les nombres imaginaires. Hawking démontre que l'espace-temps imaginaire formerait une sphère ressemblant à la Terre. Le temps imaginaire commencerait au pôle Sud pour définir un Univers dont la taille maximale serait à l'équateur et se contracterait ensuite pour devenir un point unique au pôle Nord. La conclusion de Hawking est que l'origine de l'Univers dans le temps imaginaire serait un point banal d'espace-temps. Il considère que le temps imaginaire peut également correspondre aux degrés de longitude de la sphère d'espace-temps définissant l'Univers. Tels les méridiens qui se rencontrent aux pôles Nord et Sud, le temps imaginaire s'immobiliserait aux pôles.

*Nous sommes marqués par un temps réel dans notre imaginaire et par un temps imaginaire dans notre réalité. Les plans temporels se confondent jusqu'à la quintessence de l'être.*

*Fin et commencement, commencement et fin, Sud-Nord, Nord-Sud. N'effrayons pas l'humble début de l'Univers, dans sa banalité, l'unique point d'espace-temps. Sa fin sera tout aussi singulière. Sphères de Terre et d'Univers.*

# Le temps, le temps
# ne s'en va pas...

*Une sensation de perpétuité nous enlace. Des faits suivent les faits. L'instant est là après l'instant. Est-ce le temps qui vole?*

*Soumise à la vitalité d'évolution, essence de vie dans la capsule jetée au large.*

*Et l'entropie devient plus riche encore.*

Le concept de l'écoulement du temps est irréel. L'écoulement est un phénomène physique qui comporte un mouvement par rapport au temps. Comment peut-on concevoir le mouvement du temps par rapport à lui-même? Vouloir calculer la vitesse du temps semble absurde, car le point de référence reste le même. Il serait impossible d'envisager la réponse suivante : la vitesse du temps est d'une seconde par seconde.

Selon le physicien Paul Davies du Australian Centre for Astrobiology, de Sydney, la flèche du temps, même si elle est orientée vers l'avenir, ne se meut pas vers l'avenir. La flèche du temps est caractérisée par une asymétrie, qui n'existe pas dans l'écoulement du temps. Les expressions «passé» et «futur» peuvent être appliquées à la direction temporelle, comme les expressions «en haut» et «en bas» s'appliquent aux directions spatiales, mais elles n'ont aucune signification du point de vue physique et philosophique.

Si le temps ne s'en va pas, quel est le mystère entourant l'implacable sensation de son écoulement? Le chimiste et philosophe belge d'origine russe Ilya Prigogine, lauréat du Prix Nobel, considère l'écoulement du temps comme un phénomène objectif, dû aux lois physiques qui gouvernent les processus irré versibles. Ce point de vue n'est pas accepté par des physiciens comme Paul Davies, selon lequel le fait de se rappeler le passé et non le futur s'expliquerait plutôt par l'asymétrie du temps et non pas par son écoulement.

Deux aspects de son asymétrie pourraient donner la fausse impression que le temps s'écoule. Le premier est la distinction thermodynamique entre le passé et le futur. La mémoire, en tant que système thermodynamique, a une direction uni-dimensionnelle, celle de la croissance de son entropie. Le fait d'accumuler de l'information crée la perception que le temps s'écoule.

Le deuxième aspect de l'asymétrie du temps lie l'impression de son passage à la Mécanique quantique. Le principe d'incertitude de Heisenberg implique un futur et un passé ouverts, indéterminés. Selon Roger Penrose et d'autres chercheurs, l'impression de l'écoulement du temps tient des processus quantiques qui ont lieu dans notre cerveau.

Si la science était capable d'éliminer la perception de l'écoulement du temps, toutes les peurs rattachées à cette sensation disparaîtraient.

*Une naissance égale une mort égale une naissance égale une mort...*

*L'esprit se libère de la nostalgie des objets.*

*Le passé et le futur sont illusoires. Le temps, le temps ne s'en va pas...*

# Naissent
# les étoiles...

L es corps célestes naissent, évoluent et meurent. Le cycle d'une logique humaine touche le circuit universel. Apparition et disparition se confrontent pour que l'équilibre s'installe dans la nature des choses.

Des globules créés dans l'Univers, à partir du bouillon primordial d'hydrogène et d'hélium, par des excès de densité, s'effondrent sous l'effet de la gravitation. Les multiples mouvements des atomes de gaz qui s'agitent et se heurtent à des vitesses de plus en plus vertigineuses mènent à la transformation de l'hydrogène en hélium. L'énergie dégagée par les réactions thermonucléaires qui ont lieu fait briller les masses et augmente la pression du gaz. Ainsi naissent les étoiles.

Pendant toute sa vie, l'étoile est captive d'une lutte incessante entre ces réactions, dont elle puise la beauté de son rayonnement, et la force de gravitation qui accélère son effondrement.

Les étoiles consomment leurs réserves de carburants et dévoilent leur fragilité. Le souffle de lumière leur est coupé au cours de leur évolution. Plus elles sont chaudes, plus elles brûlent leurs ressources rapidement. Des milliards d'années passent avant qu'elles commencent à se refroidir et atteignent leur finalité. Les réserves de carburants de notre Soleil nous assurent encore cinq milliards d'années de bénédiction chaude et lumineuse, jusqu'au moment de sa contraction par refroidissement.

En 1928, le chercheur indien Chandrasekhar calcula la limite à laquelle une étoile froide, ayant une masse égale à deux fois et demi celle du Soleil, ne supporterait plus sa propre gravité. Elle est connue sous le nom de «limite de Chandrasekhar».

Les étoiles viennent au monde dans des amas célestes, jamais seules, toujours en couples ou en groupes. Les rassemblements de milliards et de milliards d'étoiles constituent les galaxies, qui sont de forme irrégulière, spirale ou elliptique. Leur taille varie de quelques milliers à des centaines de milliers d'années-lumière. Elles sont séparées les unes des autres par des distances de l'ordre du million d'années-lumière.

L'étude de notre Galaxie voit émerger des populations stellaires classées selon leur richesse en métaux, leur taille et leur pauvreté. C'est en mesurant l'âge des groupes d'étoiles que l'on peut trouver des indices d'évolution chimique du gaz galactique.

Les étoiles pauvres, blotties dans des amas globulaires, ont perdu leur éclat cosmique. Elles sont désargentées, car elles se situent dans le groupe des plus anciennes, âgées de douze à quatorze milliards d'années. La teneur en lithium, deutérium, hélium, et la pauvreté en métaux de ces étoiles, sont les indices de leur affiliation à la densité nucléonique des phases primaires de l'Univers.

Les galaxies se composent en général d'un disque plat et d'un halo sphérique. Le disque plat est le lieu de naissance et d'évolution des étoiles, tandis que le halo est plutôt celui du rassemblement des anciennes, les petites rouges qui continuent à briller longtemps après que les massives bleues se sont éteintes. La matière lumineuse ne représente qu'un dixième de la masse totale d'une galaxie, tout le reste étant formé pas la matière sombre; les étoiles représentent cent milliards de masses solaires et le milieu interstellaire, quelques milliards. Les étoiles sont très éparses.

*Entre les gouttes de pluie céleste il y a de longues pauses d'espace, animées par le doute de leur appartenance aux amas lumineux.*

*Ma nuit se comble de paillettes anciennes, témoins d'agrégations primaires. Noyaux des rencontres furtives pour les récoltes de fruits gras dans la paume du temps.*

Le milieu interstellaire, dilué et très inhomogène, est constitué d'une masse éparpillée de particules très rapides et de haute énergie. Il est intéressant de souligner que le gaz formé par les noyaux d'atomes des éléments connus se mélange à des particules d'antimatière (antiprotons et positrons), provoquant de multiples collisions entre protons.

Prouver l'existence d'antiétoiles, est le but du projet AMS (Anti Matter Spectrometer) de la future station spatiale destinée à séparer la matière de l'antimatière dans le rayonnement cosmique micro-ondes, grâce à un aimant supraconducteur.

*La révolte des anges naît des luttes entre les contraires. L'enfer s'enrichit de paires d'électrons-positrons, protons-antiprotons. Matières, antimatières. Étoiles, antiétoiles. Après toutes les morts, le reste suit.*

Les études récentes du milieu interstellaire par les radio-télescopes de l'IRAM (consortium franco-hispano-allemand) ont démontré la complexité chimique de la combinaison des éléments communs tels que : oxygène, carbone, azote, magnésium et fer à côté de l'hydrogène atomique prépondérant (1 atome par cm$^3$ en moyenne). Les combinaisons moléculaires engendrent l'existence de l'ammoniac, de la vapeur d'eau et de différents types d'alcools dans les nuages interstellaires. Le milieu interstellaire est constitué de nuages de gaz ou nébuleuses gazeuses. Ces nuages contiennent 90 % d'atomes d'hydrogène, 9 % d'atomes d'hélium et 1 % d'atomes d'éléments plus lourds.

Les nébuleuses se classent en : sombres, réfléchissantes, planétaires et vestiges des supernovae.

Les nébuleuses sombres masquent les étoiles comme un écran. Elles peuvent être sphériques, telles les globules de Block, et sont riches en hydrogène et monoxyde de carbone.

Les nébuleuses par réflexion empruntent la lumière des étoiles et elles bleuissent le ciel, par diffusion de la lumière.

Les nébuleuses planétaires, qui tirent leur nom d'une vague ressemblance avec les planètes, sont mille fois plus étendues que le Système Solaire. La beauté de ces corolles gazeuses est due au rayonnement UV (ultraviolet) émis par l'étoile centrale, une naine blanche, chaude et compacte, entourée d'une coquille de gaz, qui brille par fluorescence. Le rayonnement ultraviolet de l'étoile centrale, absorbé par le gaz de la nébuleuse, est restitué sous forme de lumière visible. Photons ultraviolets contre photons visibles. La plus connue des nébuleuses planétaires est celle de l'Anneau dans la constellation de la Lyre.

Les vestiges de supernovae abritent des étoiles à neutrons, cadavres d'étoiles explosées. Au centre de la nébuleuse se trouve un pulsar générateur de neutrons pour remplacer ceux qui perdent leur énergie par le rayonnement de l'étoile. L'un des vestiges les plus connus se trouve dans la nébuleuse du Crabe.

*Plus tard, le Soleil perdra sa couronne. Il cherchera son royaume égaré parmi les atomes des cendres ensevelies dans les terres flottantes. Quand les atomes de tous les corps endormis retourneront aux étoiles, la joie de la perpétuité éclatera pour le Soleil mourant.*

# Masses manquantes

L'Univers ressemble à une mer sombre. La matière, qui tient dans ses bras les galaxies, est invisible. Comment peut-on savoir si cette matière invisible existe réellement et si elle existe, que représente-t-elle?

Pour trouver la réponse à ces questions, les physiciens ont analysé d'abord le monde des particules. Afin d'acquérir une meilleure compréhension de ces micro-immensités, ils ont essayé de trouver des symétries leur permettant de les séparer en familles. La notion de symétrie est plutôt liée à l'identité des particules. À titre d'exemple, nous citons le cas de tous les électrons de l'Univers qui ont une parfaite identité. Pour aller plus loin, les physiciens ont mis dans une même famille les particules que les lois de la nature ne peuvent pas différencier. En Mécanique quantique, une particule d'une famille est échangeable avec d'autres de la même famille. Une particule peut se trouver dans un état physique où elle n'est ni elle-même, ni une autre de la même famille, mais un mélange des deux.

En 1960, les physiciens américains Murray Gell-Mann et Yuval Ne'eman ont trouvé, chacun de façon indépendante, que toutes les particules pouvaient être intégrées dans un schéma unique de classification. Selon le principe de ce schéma, il y aurait un groupe de dix particules, neuf connues et une dixième manquante. Cette dixième particule fut nommée omega minus et sa masse, estimée par Gell-Mann, fut confirmée par les expériences ultérieures.

Afin de comprendre les forces des ténèbres qui agissent sur les masses manquantes, nous parlerons de l'astronome suisse-américain Fritz-Zwicky qui a publié, dans les années 1930, des études sur les amas galactiques. En calculant la vitesse des galaxies dans un amas, il a pu déduire leur force d'attraction gravitationnelle, ainsi que leur masse. À son grand étonnement, Zwicky constata que la masse calculée dépassait de beaucoup la masse visible. D'autres observations faites, plus tard, par les radiotélescopes ont révélé la présence de nuages gazeux qui orbitent autour des centres galactiques, à une vitesse beaucoup plus grande que prévue. Ce phénomène devait être la conséquence de l'attraction gravitationnelle des masses invisibles. Si les galaxies n'étaient constituées que de matière visible, elles n'auraient pas pu exercer la force nécessaire pour que les nuages gazeux gravitent à une vitesse aussi élevée.

Ce halo sombre serait dix fois plus étendu que le disque lumineux lui-même et devrait contenir dix fois plus de matière que celui-ci, comme l'indiquent des observations récentes sur une douzaine de petites galaxies qui gravitent autour de la Voie Lactée, dont celle qui est connue sous le nom de Leo I. La vitesse de ces galaxies implique l'existence d'une masse dépassant dix fois la masse visible.

*Écume blanche sur la crête des vagues crachées par une mer sombre. L'enfer revêt le corps des paradis. Les masses manquantes déclament l'absurdité d'un espace lumineux.*

*De noir est revêtue l'éternité.*

De quoi est faite la matière sombre? Pour répondre à cette question, les astrophysiciens ont envisagé trois possibilités. Selon la première, la matière sombre serait constituée de la matière non lumineuse des planètes, des petites étoiles qui n'ont pas réussi à briller par elles-mêmes, ou des restes sombres d'étoiles massives, tels les trous noirs. La deuxième ferait valoir l'existence de particules appelées neutrinos et enfin la troisième, la présence dans l'Univers de particules élémentaires exotiques, reliques de ses premières minutes d'existence.

# Étoiles
# qui ne brillent pas

L es étoiles qui ne brillent pas sont de très petite taille ou les restes d'astres gigantesques. La température du noyau des étoiles dont la masse représente moins de 8 % de celle du Soleil n'atteint pas les degrés nécessaires pour déclencher des réactions nucléaires. Ces naines brunes n'arrivent jamais à devenir de vraies étoiles.

*Émancipation déviée par des courses stellaires aux volontés perdues. Des obstacles issus de la folie des grandeurs freinent l'avenir des lumières.*

*Pleurons le ver qui ronge la brillance!*

Même si les naines brunes ne sont pas génératrices d'énergie nucléaire, elles rayonnent quand même faiblement, grâce à l'énergie gravitationnelle qui se dégage durant leur processus de contraction lente. Cette radiation de faible énergie est émise dans l'infrarouge. Au moment de la formation des galaxies à partir des nuages de gaz primordial, des naines brunes ont dû se former et continuer à pulluler sous forme de halos sombres.

Des observations récentes ont démontré l'existence de micro-lentilles gravitationnelles, qui ont causé la déviation des rayons lumineux. Si une naine brune du halo de notre galaxie traversait la ligne du regard vers une étoile plus éloignée de nous, sa force de gravitation agirait comme une lentille obscure qui dévierait la lumière. Ce fut l'une des prédictions d'Einstein, dans sa théorie de la Relativité générale et elle fut vérifiée durant une éclipse solaire, en 1919.

Les objets qui, dans le halo, peuvent produirent les micro-lentilles gravitationnelles, ont été dénommés MACHOs (massive compact halo objects – objets massifs et compacts du halo). Au cours des années 1990, des scientifiques des États-Unis, de France et de Pologne ont entrepris des recherches pour détecter les MACHOs. Citons les expériences menées par l'astrophysicien américain Charles Alcock du Lawrence Livermore National Laboratory, sur dix millions d'étoiles, des observations individuelles étant faites tous les deux jours.

Contrairement aux attentes, il fut constaté que le petit nombre de micro-lentilles gravitationnelles découvertes étaient produites par des étoiles normales plutôt que par des MACHOs du halo de notre Galaxie. La conclusion de ces observations fut que les naines brunes n'étaient pas la composante principale de la matière sombre dans le halo des galaxies.

*Allumons la nuit de l'Univers pour éteindre la couleur des matières. Des couronnes sombres cherchent le front des anges. Triomphe des masses manquantes. Divinisation des lieux en mouvement.*

# Neutrinos

Le physicien autrichien Wolgang Pauli suggéra, en 1930, qu'une particule, autre que l'électron, devait être impliquée dans les désintégrations bêta. Cette particule devait être très petite, de masse zéro, et sans charge électrique, car elle échappait à la détection. Elle fut appelée neutrino (ou «petit neutre», en italien) par le physicien américain d'origine italienne Enrico Fermi. C'est en 1956 que l'existence du neutrino est réellement prouvée, par les physiciens américains Fred Reines et Clyde Cowan qui détectèrent un flux de neutrinos produit près d'un réacteur d'uranium. On connaît trois types de neutrinos, selon leur association avec l'électron et deux autres particules, le muon et le tauon.

Les neutrinos sont nés des processus de fusion ou de radioactivité nucléaire et proviennent de différentes sources cosmiques et terrestres.

Dans le modèle standard du Big Bang, l'explosion a généré un fond diffus de neutrinos, témoins invisibles d'un premier cataclysme cosmique, chemineaux silencieux à l'ombre des galaxies montantes. Leur nombre atteint 330 par $cm^3$, mais leur énergie est si faible que même des expériences d'ordre gigantesque ne permettent pas de les détecter.

D'autres neutrinos proviennent des explosions de supernovae, ou de fusions entre étoiles à neutron. En 1987, une supernova explosa dans le Nuage de Magellan, situé à 150 000 années-lumière de la Terre.

Lorsqu'un rayon cosmique pénètre dans l'atmosphère, il percute un noyau d'atome et crée des gerbes de neutrinos. En 1998, les expériences Kamiokande ou Super-Kamiokande, au Japon, ont permis de détecter les oscillations du neutrino au sein des gerbes atmosphériques.

Les neutrinos solaires proviennent des réactions thermonucléaires qui se produisent au cœur de l'étoile. Lorsqu'au centre du Soleil un proton se transforme en neutron, un neutrino prend son envol. Des expériences neutroniques conduites dans les mines et les tunnels du Japon ou des États-Unis (Homestake) établirent que le Soleil brille grâce à la fusion de noyaux d'hydrogène et conformément à la fameuse équation d'Einstein, $E=mc^2$.

Six cent millions de tonnes d'hydrogène sont brûlées chaque seconde pour que la bénédiction du Soleil nous apporte la lumière du jour.

Les neutrinos terrestres proviennent des noyaux atomiques radioactifs. L'énergie de la radioactivité naturelle est estimée à environ 20 gigawatts, l'équivalent de vingt centrales nucléaires. Le nombre de neutrinos d'origine radioactive est d'environ six millions par seconde et par $cm^2$.

Finalement, les neutrinos sont aussi produits dans les grands accélérateurs de particules, par les nombreuses réactions nucléaires qui ont lieu au centre des réacteurs.

La réaction nucléaire qui permet au noyau d'un atome d'atteindre une plus grande stabilité est connue sous le nom de désintégration bêta. Ce processus est en réalité la transformation d'un neutron en un proton et un électron. Ce dernier s'envole du noyau dès sa création. Comme dans les expériences menées en 1927, la désintégration bêta semblait aller à l'encontre de la loi de la conservation résultant des symétries, les scientifiques émirent l'hypothèse d'une énergie manquante.

Les recherches entreprises avec les détecteurs LSND à Los Alamos (États-Unis), Super-Kamiokande (près de Tokio, Japon), CHOOZ près de la Centrale Nucléaire de Chooz (France), NOMAD et CHORUS du CERN, près de Genève (Suisse), ont permis d'approfondir nos connaissances sur les propriétés fondamentales de ces particules ainsi que sur les réactions de fusion nucléaire qui ont lieu au cœur du Soleil. Les résultats indiquent que les neutrinos ont peut-être une masse et, dans certaines expériences, une oscillation (LSND et Super-Kamiokande).

Dans le cadre de l'Observatoire de Neutrinos de Sudbury (ONS) il a été possible de mesurer le nombre de neutrinos solaires qui se métamorphosent pendant leur voyage jusqu'à la Terre. Le détecteur de l'ONS est composé de mille tonnes d'eau lourde ultra-pure, enfermée dans un récipient d'un diamètre de douze mètres, entouré d'eau ordinaire ultra-pure, dans une immense cavité. Une sphère géodésique, située à l'extérieur du récipient, est munie de neuf mille six cents détecteurs qui décèlent les petits jets de lumière produits par le mouvement des neutrinos dans l'eau lourde.

L'Observatoire est situé dans la mine Creighton, de 2072 mètres de profondeur. Les opérations de l'Observatoire sont assurées par une centaine de scientifiques du Canada, des États-Unis et du Royaume-Uni. Sa construction a duré de 1990 à 1998.

*Pluies à l'intérieur des corps. Particules légères, obstinées depuis le début des matières, à suivre leur chemin, sans bruit, sans poids, sans importance. Elles nous traversent, fantômes d'une autre apocalypse. Elles continuent à vivre avec les morts des champs célestes. Leur existence éclairera l'énigme des masses manquantes.*

*Les mains de toutes les douleurs, tendues vers la promesse d'une solitude fertile, les mains d'amour ou de tueurs à gages, sont bénies par la caresse des neutrinos, miettes de soleil sur le passage du temps, ressucités par le génie de la nature.*

# Trous noirs

*Les silhouettes de ces étoiles qui ont tant œuvré pour éblouir le ciel par leur incandescence pure, pleine de voluptés minérales en marche vers les matières vivantes, se profilent à l'horizon des années-lumière.*

*Leur cerveau éclate, les alvéoles perdent l'air dans leurs poumons rétrécis. L'espace-temps s'allonge et se fait ligne droite. Parties sont les rondeurs des origines.*

Un soir de 1970, après la naissance de sa fille Lucy, Stephen Hawking, déjà très atteint par la maladie de Lou Gehrig, se mit à réfléchir sérieusement aux trous noirs, définis comme «l'ensemble des événements qui ne pouvaient plus s'échapper à grande distance».

Terme inauguré par l'astrophysicien américain John Wheeler, en 1969, le trou noir fut décrit, dès 1783, par le professeur John Michell de Cambridge. Celui-ci arriva à la conclusion que le champ gravitationnel des étoiles massives devenait si intense que la lumière, retenue par ce champ, ne pouvait plus s'en échapper.

La vraie nature des trous noirs fut analysée par Stephen Hawking et Roger Penrose, au cours de leurs recherches menées entre

1965 et 1970. À la lumière de la Relativité générale, ils démontrèrent que les trous noirs devaient contenir une singularité de densité infinie et une courbure de l'espace-temps.

*La densité infinie de ce passage burlesque enveloppant les cieux et ses descendances s'installe pour une éternité quelconque. La communication se fait à l'intérieur de canaux reliant des astres succombés à la tentation des trous noirs. Aucun sourire ne se gaspille. Aucune larme ne prolifère sa douleur.*

*Les mondes se figent dans une densité absolue, le bruit baigne le silence, le temps et la surface se perdent dans la négation, le tumulte se transforme en insignifiance.*

*J'atteins l'état de l'entropie universelle.*

Les trous noirs cachent des singularités nues, semblables à celle du début de l'Univers. Selon Penrose, entre l'ensemble extérieur au trou noir et l'ensemble intérieur il y aurait une «censure cosmique». Un horizon sépare l'espace-temps, d'où il est impossible de s'échapper, une fois tombé dans le trou noir. Le processus de transformation de l'étoile en trou noir implique un effondrement gravitationnel, des mouvements rapides et l'évacuation d'une immense quantité d'énergie.

L'évolution cosmique qui mène aux trous noirs témoigne de l'incontournable destin des corps lumineux. La seule consolation, ce sont les «trous de ver», qui communiquent avec d'autres régions de l'Univers ou même avec d'autres univers. La possibilté d'une émission de rayons gamma provenant des trous noirs fit l'objet des recherches de Hawking dans les années 1970. S'appuyant sur les théories de la Relativité générale et de la Mécanique quantique, Hawking énonça les résultats de ses calculs dans le cadre d'une conférence au laboratoire Rutherford-Appleton, près d'Oxford. Il démontra que l'effondrement gravitationnel d'une étoile n'était pas total et irréversible, permettant ainsi au trou noir d'émettre des flots de rayons X et de rayons gamma, similaires aux ondes de lumière, mais à longueur d'onde plus courte.

Des trous noirs primordiaux auraient dû exister dans les premiers stades de l'Univers. Ceux de masse plus petite devraient s'être complètement évaporés, tandis que ceux de masse plus grande devraient encore émettre des rayons X et des rayons gamma.

L'existence des trous noirs a été prouvée dans des amas stellaires du type Cygnus X-1 et Nuages de Magellan. En calculant le nombre d'étoiles qui se sont effondrées à force de brûler leurs carburants depuis les débuts de l'Univers, les astrophysiciens ont compris que le nombre de trous noirs devait dépasser de beaucoup celui des étoiles visibles. Dans notre Galaxie le nombre d'étoiles est d'environ cent milliards. Les scientifiques ont prouvé qu'un trou noir dont la masse est cent fois plus grande que celle du Soleil, se trouve au centre de la Voie Lactée. Les étoiles qui s'en approchent sont déchirées par le jeu des forces gravitationnelles impliquées. Des trous noirs similaires se trouvent aussi au centre des quasars.

*Elles s'approchent du gouffre des temps-espaces morts. Elles franchissent le Rubicon des lamentations gravitationnelles. Étoiles parfaites, brûlantes de nucléaire, arrondies par le frôlement de forces intestines.*

*Au cœur des explosions, se fomentent les sagesses futures. L'œil noir des trous solitaires attire les amalgames de matière saine. Elle trébuche par la volonté des nouveaux pouvoirs.*

*Ici comme ailleurs, les spirales s'égarent. Dépourvus de centre, les mondes continuent.*

En 1973, deux experts russes, Yakov Zeldovitch et Alexandre Starobinsky, formulèrent l'hypothèse selon laquelle les trous noirs en rotation devaient émettre des particules. Hawking démontra que l'émission des particules pouvait avoir lieu même quand les trous noirs n'étaient pas en rotation.

Les trous noirs auraient-ils un destin moins sombre que la disparition vertigineuse de l'espace-temps dans les plis de l'enfer cosmique?

Pourraient-ils émettre des particules, alors que le savoir démontre qu'une fois en eux, rien ne peut plus s'échapper de leur densité implacable?

À la lumière de la théorie quantique, Hawking trouva une explication plausible. Les particules émises ne devraient pas venir du trou noir lui-même mais d'un espace vide entourant son horizon. Cet espace ne devrait pas être si vide, car il contiendrait des fluctuations quantiques liées à un champ gravitationnel. Les particules d'énergie seraient virtuelles et soumises au principe d'incertitude, conformément auquel il est impossible de connaître en même temps leur position et leur vitesse.

L'énergie positive de la radiation émise autour du trou noir devrait être contrebalancée par l'énergie négative du trou noir.

Des particules virtuelles de matière, tels les électrons et les quarks seraient également présentes. Leur tourbillon autour du trou noir donnerait naissance à des phénomènes étranges. Les particules virtuelles d'énergie négative ou positive qui tomberaient dans le trou noir pourraient s'en échapper, comme des antiparticules réelles. L'énergie négative du trou noir diminuerait sa masse et augmenterait sa température jusqu'au moment de sa disparition dans une immense explosion finale.

*L'apparition et la disparition des trous noirs alimentent le circuit des cataclysmes cosmiques. Nous entrons dans le sanctuaire de notre volonté d'être. Nous ne pouvons plus sortir pour accueillir les monstres de notre existence. Plongés en nous-mêmes, sous le poids des forces de guérison, nous devenons lentement le trou noir de la lumière acquise.*

# Énergie sombre

L'évolution accélérée des connaissances cosmologiques à la fin du XX$^e$ siècle a permis de constater que l'ensemble des éléments chimiques et de la matière sombre constituaient moins de la moitié du contenu de l'Univers, le reste étant formé d'une étrange énergie sombre, ayant des capacités répulsives. Contrairement à la gravitation universelle, génératrice d'étoiles et de galaxies, l'énergie sombre est une brume uniforme qui occupe l'espace pour s'opposer à l'attraction des masses.

L'Univers devient le champ de bataille entre deux forces antagonistes et le témoin d'une victoire impensable, celle de la gravitation répulsive.

Le problème qui se pose est de savoir d'où provient cette énergie répulsive. Selon la meilleure explication possible, elle fait partie de la texture de l'espace. Même si un volume d'espace était complètement dépourvu de matière et de radiation, il serait comblé d'énergie répulsive.

Revenons à Einstein, qui avait introduit la constante cosmologique ou l'énergie de vacuum dans les équations de la Relativité générale pour formuler le modèle statique de l'Univers. Quand les scientifiques établirent l'expansion de l'Univers, Einstein se reprocha d'avoir introduit la constante universelle dans la Relativité générale. Mais ses remords furent trop précipités, car si la valeur de la constante avait été légèrement plus élevée, la répulsion aurait été plus grande que l'attraction gravitationnelle et l'expansion de l'Univers aurait été accélérée.

L'énergie sombre diffère de la matière sombre par son caractère gravitationnel répulsif. Celui-ci l'empêche d'être englobée dans les amas galactiques, où elle agirait sur la matière visible, ce qui n'a pas été constaté.

La répulsion gravitationnelle résout la crise de l'âge de l'Univers, qui a marqué les années 1990. En fonction de la décélération de la vitesse d'expansion, l'âge de l'Univers devrait être en-dessous de 12 milliards d'années. Ce chiffre est contredit par l'âge de 15 millards d'années, établi pour certaines étoiles de notre galaxie.

En causant l'accélération de l'expansion, la force répulsive de l'énergie sombre met l'âge de l'Univers en accord avec celui des corps célestes observés. Cela fut prouvé par différents groupes de chercheurs, en 1999, à l'aide des mesures prises sur le changement de la vitesse d'expansion de certaines supernovae éloignées.

La force de répulsion gravitationnelle de l'énergie sombre s'explique par sa pression négative. Le concept newtonien de la gravitation liait sa force à la masse du corps. La loi de la gravitation d'Einstein stipulait que sa force dépendait non seulement de la masse, mais également de la pression. Celle-ci a deux effets : direct, causé par son action sur la matière environnante et indirect, causé par la gravitation qu'elle crée.

Le signe de la force gravitationnelle est déterminé par la combinaison algébrique de la densité totale de l'énergie plus trois fois la pression. Si la pression est positive, comme dans le cas de la matière ordinaire, de la matière sombre et de la radiation, le signe de la combinaison est positif et la gravitation est positive. Si la pression est négative la combinaison est négative et la gravitation est répulsive.

Pour comprendre la nature de la pression négative il faut tout d'abord expliquer l'action de la pression positive, ou l'énergie cinétique des atomes d'un gaz chaud, qui agit en sens contraire de la force gravitationnelle et cause son explosion.

Si l'interaction entre les atomes d'un gaz dépasse son énergie cinétique, elle lui induit une pression négative qui cause son implosion.

Exercée sur l'espace universel, la force répulsive a tendance à l'étirer, en agrandissant son volume et par conséquent l'énergie de vacuum. L'énergie de vacuum va croître au détriment du champ gravitationnel.

Au début du XXI$^e$ siècle, les physiciens parlent d'une autre source d'énergie négative dans l'Univers, la quintessence. Les anciens grecs considéraient un cinquième élément, à part les quatre qui constituaient, selon eux, l'Univers : terre, air, feu et eau. C'était une substance éphémère qui aurait empêché la Lune et les planètes de tomber au centre de la sphère céleste.

Ce terme fut ressuscité, en 1997, par les scientifiques américains Robert Caldwell, Rahul Dave et Paul Steinhardt, pour définir un champ quantique dynamique ayant les caractéristiques d'un champ gravitationnel de répulsion.

Contrairement à l'énergie de vacuum, la quintessence est en
interaction avec la matière et évolue avec le temps.

*Nous sommes des êtres de quintessence. Cette brume répulsive
qui entraîne vers des miroirs troublants où plusieurs nous se
reflètent comme les regards d'une immensité multiple.*

*Nous sommes une totalité d'univers effrayés par le jugement
des autres. Terre, air, feu, eau, éléments de contemplation dans
le corps des masses qui s'attirent. Corps de vie élémentaire, nos
détails s'effacent à l'ombre sans lumière.*

La quintessence peut se présenter sous différents aspects. Le
modèle le plus simple serait un champ quantique dont l'énergie varie si lentement qu'elle peut être confondue avec une
énergie de vacuum constante. Comparée à l'inflation, la quintessence est beaucoup plus faible.

Dans la théorie quantique, les processus physiques peuvent
être décrits en termes de champs et de particules. La quintessence ayant une densité d'énergie très faible et graduellement
variable, une particule de cette substance deviendrait extrêmement légère et prendrait les dimensions énormes d'un super-
amas de galaxies.

Sa description comme champ est appropriée, celui-ci étant
caractérisé par une distribution continue d'énergie cinétique,
qui assigne à chaque point une valeur, la force du champ.

La quintessence a une pression moins négative que l'énergie
de vacuum et contribue ainsi dans une moindre mesure à l'accélération de l'Univers. Le champ de la quintessence peut subir

une évolution complexe. La valeur du rapport entre sa pression et sa densité d'énergie peut être positive et ensuite négative, pour redevenir positive.

D'où vient la quintessence? Peut-être de la théorie des cordes, qui combine la Relativité générale avec la Mécanique quantique dans un concept unifié des forces fondamentales et prédit un espace à dix dimensions. À part les quatre dimensions connues, les trois de l'espace plus le temps, il y aurait six dimensions supplémentaires, cachées dans les plis de l'Univers, comme des balles à rayon trop minuscule pour être détecté. Une idée alternative provient de l'extension de la théorie des cordes. La matière appartiendrait à deux surfaces tridimensionnelles, séparées par un écart microscopique le long de la onzième dimension. Les dimensions supplémentaires de l'espace ne sont pas visibles, mais peuvent être perçues à travers l'action de leur champ.

*Champs des forces gravitationnelle, électromagnétique, nucléaire forte et faible, qui tiennent en laisse le galop des matières, leur volonté dynamise la fonction de l'espace. La pensée effleure les liens originaux.*

*Du tronc unitaire, les forces déploient leurs branches sur la nuit des temps.*

# L'intelligence du vide

Une force surnaturelle de propulsion du rien vers le tout réveille, après des patiences successives, l'intelligence de la création.

Le vide est le porteur de l'énergie minimale d'une structure ou d'un système. Il ne contient pas les particules réelles, comme les quanta, mais bien leurs pulsations, qui sont des champs. Des interactions ont lieu entre les champs des particules, tels les électrons, et le champ électromagnétique des photons. La composante de ces fluctuations aléatoires est l'énergie des systèmes de champs, précurseurs d'une naissance *ex nihilo*.

Le vide fut défini comme «l'état minimal d'être». Cette définition fait référence à l'état d'énergie minimum du système de champs. Le vide étant comblé d'un minimum d'énergie, son contenu n'est pas nul. L'énergie non nulle a une puissance d'évolution et le vide est faux. La propriété de ce faux vide est son immense pression négative, dont les effets gravitationnels induisent un mouvement inflationnaire à l'espace. L'Univers est lancé dans une expansion accélérée et le taux de cette expansion est lié au principe d'incertitude multiplié par un facteur gigantesque.

Le vide n'est pas une négation de la présence, une réduction à zéro de la volonté. Il est l'espace des particules virtuelles, d'une énergie invariante, à laquelle les concepts de naissance et de mort ne s'appliquent pas. La perspective du vide, c'est l'origine du tout universel.

Selon le physicien Andrei Linde de l'Université Stanford, l'Univers naîtrait comme le champagne. On se rappelle que la phase inflationnaire de l'Univers est due à la pression négative du faux vide. Étant donné que l'inflation exponentielle est plus rapide que le processus de décomposition, les régions du faux vide peuvent devenir plus vastes que le volume initial.

Partant de ses multiples alvéoles, des univers-bulles de champagne y naîtraient par brisure de symétrie. Le processus pouvant se répéter indéfiniment, la création d'une série d'univers suivrait le modèle des fractals.

Andrei Linde a simulé sur ordinateur une séquence d'univers-fractals, démontrant ainsi la possibilité de créer, à une très petite échelle, avec des résolutions très puissantes, le modèle d'univers multiples, générés par le faux vide.

Cette vision viendrait à l'encontre d'un modèle unique de cosmos connu par les êtres humains ou autres formes de vie, qui l'observent. La dimension nulle, le temps, d'une fraction infinitésimale de seconde, la chaleur, mille fois plus haute que la température qui règne au centre du Soleil. Voilà le visage éblouissant de la création.

*J'imagine les écumes précélestes inaugurer la cérémonie des probabilités. Les dièses et les bémols du vide font vibrer leur écho dans l'agrégation des masses. Les miennes, parmi d'autres, sont le multiple de l'unité. J'apprends à mimer dans mon cerveau la réflexion des modèles multiples.*

*La fluctuation quantique, le passage de l'indéterminé au déterminé, la naissance naturelle d'une bulle de prématière dans le berceau d'écume de l'espace-temps, la volonté de jouer au créateur.*

*Et le jeu fut...*

# L'Univers recyclé

Notre Univers n'est-il qu'une simple phase dans une infinité de naissances - renaissances? La cosmologie moderne énonce des théories complexes, basées sur une nouvelle vision de mondes recyclés.

*Cycles des cycles, multiplés par l'énergie future. L'ensemble meurt pour rebâtir le Tout. La flétrissure d'un idéal cosmique réveille les échos de l'Univers glacé.*

*J'aspire à la résurrection des centres. Je vis la décomposition des états stables. Le temps arrive pour expirer. Entre des branes de couleur, l'espace retrouve sa cadence.*

Les explosions de type Big Bang déterminent la naissance d'un univers lorsque deux branes à dix dimensions entrent en collision.

Au cours de l'année 2002, les scientifiques, partant de la physique des particules, ont donné une interprétation très différente à la notion de Big Bang qui serait plutôt une collision très violente entre des objets multidimensionnels. La formidable explosion ne serait qu'une lutte continue entre dragons cosmiques, qui montreraient leur tête à des intervalles de plusieurs milliards d'années. C'est alors qu'un univers, venu à l'existence, marquerait sa phase dans un cycle infini d'apparitions cosmiques.

La notion de cycle universel date des années 1930. Richard Tolman, du California Institute of Technology, se demandait alors si un univers fermé, dans lequel la matière et l'énergie se contracteraient jusqu'à produire une grande implosion, pouvait survivre et reprendre son souffle pour une phase nouvelle.

La théorie d'un cycle universel fut reprise par les physiciens des années 1960, qui discutèrent de la possible renaissance de l'Univers, après son effondrement au cours de la phase de contraction, au moment du Big Crunch. La réponse vint de la théorie des cordes, selon laquelle les particules élémentaires, tels les électrons, photons ou quarks, ne sont que la manifestation de cordes d'énergie, dans un espace ayant un minimum de dix dimensions.

Des scientifiques du Princeton Institute for Advanced Studies utilisèrent, en 1995, le modèle à onze dimensions pour réduire, par calcul, l'une de ces dimensions à une ligne minuscule. Le modèle à onze dimensions serait ainsi compris entre deux membranes, ou branes, à dix dimensions. L'une de ces branes serait soumise aux lois physiques de l'Univers et six de ses dimensions deviendraient minuscules, pour ne laisser apparaître que les quatre de l'espace-temps.

En 2001, fut élaboré le modèle ekpyrotique (conflagration, en grec ancien), qui définit le Big Bang comme une collision explosive entre deux branes. Le modèle ekpyrotique ne pouvait pas expliquer l'évolution de l'Univers-brane après la collision. Ce n'est qu'en 2002, que Nathan Seiberg, de Princeton, utilisa l'expression «branes de fin du monde» pour souligner la véridicité du cycle universel naissance-renaissance. La singularité de la collision des branes devenait ainsi identique, du point de vue mathématique, à celle du Big Bang dans la Relativité générale.

*Des mondes se cassent... Les feux hurlent leur désir de singularité. Un vent très fort disperse leur dessein.*

Du point de vue de la cosmologie moderne, l'accélération de l'Univers empêchera la lumière de voyager entre des régions très éloignées de l'espace. Les galaxies s'isoleront de leurs voisines, les étoiles disparaîtront et les trous noirs se transformeront en radiations qui se dilueront dans un océan d'espace.

Le scénario du modèle ekpyrotique est mis en place. L'Univers pré-bang est noir, plat et infini, selon les travaux récents des astrophysiciens américains Steinhardt et Turok. Ces travaux mettent en évidence la présence de l'énergie sombre qui, ensemble avec la singularité du modèle ekpyrotique, donneraient naissance à l'Univers cyclique. Notre brane et sa contrepartie entreraient en collision et détermineraient ainsi la phase inflationnaire de l'Univers.

Le mouvement oscillatoire des branes pomperait l'espace dans l'Univers, ce qui expliquerait son accélération.

*Au son du calme précurseur d'antagonisme, les branes mordent dans la pulpe des espaces.*

*Le dernier lieu avait perdu son corps, avant que le prochain assume sa misère.*

*Je pars à la recherche de ces lieux.*

Dans le cadre de la cosmologie moderne, on assiste à une révolution des concepts de la physique et de la philosophie. Les chercheurs essayent d'unir la Relativité à la Mécanique quantique pour créer la nouvelle théorie quantique de la gravitation.

Les scientifiques ont voulu transformer la Relativité générale d'Einstein en une théorie quantique, en utilisant la méthode connue sous le nom de «quantification canonique». Le résultat fut insatisfaisant. La méthode utilise l'équation de Wheeler-DeWitt, selon laquelle l'Univers devrait être gelé dans le temps, ou n'avoir jamais changé. C'est la théorie relationniste du «temps gelé» et de l'espace qui prend différentes formes, toutes équivalentes, pour ne changer jamais en réalité.

Différentes solutions ont été apportées à ce dilemme. Le physicien français Carlo Rovelli, de l'Université de Marseille, et d'autres physiciens relationnistes sont arrivés à la conclusion que le temps n'existait pas et ils ont essayé d'expliquer le changement comme une illusion.

Du point de vue philosophique, la notion de flèche du temps indroduit un élément d'asymétrie entre le passé et le futur. La croissance de l'entropie d'un système avec le temps, en réponse à la seconde loi de la thermodynamique, selon le physicien autrichien du XIX$^e$ siècle, Ludwig Bolzmann, peut être perçue aujourd'hui d'une manière plus complexe, car c'est un fait que les possibilités qu'un système soit plutôt en état de désordre que dans un état d'ordre sont plus nombreuses.

# L'Univers fini
# Le multivers infini

Les études de la cosmologie quantique démontrent que l'Univers devait avoir eu un volume très petit à son apparition spontanée du vide et que la probabilité qu'un univers infini naisse de cette façon, est zéro.

Au XIXᵉ siècle, l'astronome allemand Karl Schwarzschild parlait de différents espaces finis, sans frontières, auxquels s'appliquent les règles de la géométire euclidienne. Dans la topologie cosmique, l'espace peut avoir trois types de géométries – hyperbolique, avec un rayon de courbure de dix-huit milliards d'années-lumière, sphérique et euclidienne. Pour tester la topologie de l'espace il suffit d'étudier la distribution des galaxies.

Au début du XXIᵉ siècle, la topologie cosmique est devenue un domaine de recherche très avancé pour la configuration de la géométrie de l'espace. La manière dont l'Univers est connecté influe sur la direction dans laquelle la lumière voyage d'une source à un observateur. Un univers hyperbolique ou euclidien à connexion simple, dans lequel la lumière ne peut prendre qu'une seule direction pour voyager d'une source à un observateur, serait infini. En réalité, l'Univers a des connexions multiples, ce qui permet à la lumière de voyager dans plusieurs directions. Un observateur verrait des images multiples de chaque galaxie.

Les chercheurs français Roland Lehoucq du Département d'astrophysique du CEA Saclay, Jean-Philippe Uzan du Laboratoire de Physique théorique d'Orsay, et Jean-Pierre Luminet de l'Observatoire de Paris, ont étudié la reconnaissance des galaxies par des méthodes de cristallographie cosmique. Ces méthodes consistent à définir des modèles statistiques, dans lesquels différentes galaxies ne sont pas l'image d'autres galaxies. Si les images des galaxies se répètent, un histogramme de toutes les distances entre galaxies pourrait donner la vraie dimension de l'Univers. Cette méthode s'adapte bien dans le cas d'une géométrie sphérique de l'espace.

Récemment, les scientifiques essayent aussi de définir la topologie de l'espace en utilisant la radiation micro-onde de fond de ciel, réminiscence du Big Bang. Cette radiation est très homogène du point de vue de sa température et de son intensité et elle donne les variations de densité de l'Univers primitif. C'est de ces variations que se formeront plus tard les étoiles et les amas galactiques.

Une néocosmologie prend son essor à partir d'idées nouvelles sur un Big Bang répété dans le modèle complexe du multivers infini. Une suite d'univers, dont certains pourraient ressembler au nôtre, d'autres auraient une existence brève, après d'inconnues convulsions.

Le cosmologiste américain Andrei Linde de l'Université Stanford, et d'autres, ont trouvé une explication mathématique à la théorie des multivers. Chaque phase du multivers infini a dû se développer à partir de conditions initiales, déterminantes quant à son parcours structuré selon un schéma logique. L'évolution d'un modèle d'univers semblable à celui auquel nous appartenons a suivi des étapes nécessaires à sa complexité. Si le Big Bang avait produit moins de fluctuations de densité, les structures galactiques n'auraient pas pu se former. Sous l'effet d'une force de gravitation plus forte que celle qui existe dans l'Univers, la matière aurait collapsé. Des forces nucléaires plus faibles auraient changé la configuration chimique de l'Univers, ne permettant pas aux éléments plus complexes que l'hydrogène d'exister.

Dans le modèle cyclique, le «bang» n'est qu'une simple transition de la contraction à l'expansion, accompagnée d'une émission de rayonnement. Le temps continue avant le «bang», déclenchant ainsi les conditions de développement de l'Univers. S'ensuivent de longues périodes d'expansion et de contraction à lente accélération, durant lesquelles s'installent l'homogénéité et les perturbations de densité.

L'Univers traverse une séquence infinie de cycles, qui commencent par un «bang» et se terminent par un «crunch». Les conditions initiales pour un cycle donné sont produites dans la phase dominée par l'énergie sombre et la contraction du cycle précédent. Le passé et l'avenir sont déterminés. L'inflation, qui domine la phase initiale du scénario standard, est éliminée dans le modèle cyclique. Dans un multivers infini, seulement quelques univers auraient la capacité d'évoluer jusqu'à l'apparition de la vie. La théorie quantique de la gravitation permettrait de pénétrer le mystère des premières lueurs cosmiques, le modèle d'un univers ou d'un multivers infini.

D'autres théories cosmologiques se développent autour du mystère de la matière sombre qui pourrait habiter des univers parallèles. Ces univers pourraient contenir des particules et des forces différentes. Ils pourraient même être situés sur des membranes ayant un nombre de dimensions plus grand ou plus petit que notre Univers. Si le mur, sur lequel nous vivons, était plié plusieurs fois dans un espace à dimensions supplémentaires, les objets de l'autre côté d'un pli apparaîtraient très éloignés, même si les distances étaient millimétriques.

# Vers une théorie ultime

S ommes-nous à la frontière d'une théorie ultime, la Théorie de Tout? Les physiciens l'appellent la Théorie M.

Revenons sur la notion d'espace-temps et de ses multiples dimensions. Nous savons que les dimensions supplémentaires doivent être minuscules, donc impossibles à observer. La cosmologie moderne considère que l'une des dimensions supplémentaires de l'espace-temps serait une membrane infiniment vaste. On atteint ainsi l'essence de la théorie ultime de l'Univers, celle qui place l'espace-temps multidimensionnel sur une immense membrane ou brane quadridimensionnelle.

*Une membrane, étendue vers les grands infinis est le socle des réalités universelles : le vide proliférateur, l'espace-temps en expansion, les forces unies et désunies, la matière, l'énergie, la vie.*

*Au fond des jours, des nuits, des voies inaltérables, se cache le bonheur d'une autre appartenance. Au delà de la perception, existe l'Univers-brane, seul contenant de nos présences dans l'instant.*

*Tous les empires à naître quelque part sont morts depuis que le cerveau ne les voit plus. Avec la Terre et les ensembles disparus.*

*La pensée se nourrit de limites. Une force, une volonté, c'est tout ce que désire la frayeur du mortel. Pourtant, l'être ne communique qu'avec lui-même dans sa solitude. Inventer un dieu, contouré dans l'espace et marqué par le temps, simplifie le mécanisme de la compréhension.*

*L'absurde n'existe que dans la négation des faits. L'Univers des branes impose à la pensée la difficulté des non-limites. Des modèles nouveaux sont créés par le tumulte des chiffres.*

*J'avoue la sincérité de ma peur, au seuil de l'existence. J'invente alors la présence d'un dieu dans le cerveau de l'Univers-brane.*

Selon la Théorie M, l'Univers serait constitué d'un grand espace quadridimensionnel, entouré de deux murs tridimensionnels, l'un à tension positive et l'autre à tension négative. La théorie fondamentale étant formulée dans un espace à 10 dimensions, la gravité agit sur l'espace-temps à 5 dimensions et les particules de l'Univers sont contraintes à se mouvoir le long d'une brane, connue sous le nom de «brane visible». Les particules d'une seconde brane interagissent seulement par la gravité avec la matière de la brane visible et se comportent comme une matière sombre. La force interbrane est celle qui provoque le processus répétitif de la collision et du saut des branes.

L'Univers-brane explique l'essence de la singularité cosmique. Contrairement à la cosmologie conventionnelle, la singularité a un caractère beaucoup plus doux. Le Big Crunch serait donc une illusion, car la géométrie des branes démontre la finitude de la courbure des branes.

Un observateur placé sur une brane pourrait expérimenter des périodes d'expansion, avec la présence du rayonnement, de la matière et de l'énergie sombre, et des périodes durant lesquelles l'expansion s'arrêterait et les branes se rapprocheraient l'une de l'autre. L'observateur expérimenterait une période de stagnation dans la séparation ou le rapprochement des objets situés sur la brane. Après la collision des branes, la phase d'expansion, dominée par la radiation, la matière et l'énergie sombre, recommencerait.

L'observateur situé sur une brane, à côté de laquelle se trouverait une autre brane, ne pourrait pas la voir, car la lumière ne se propage pas entre les branes. Cette deuxième brane, qui serait comme l'ombre de la première, devrait également contenir de la matière.

L'observateur situé sur la brane-ombre pourrait alors expliquer les masses manquantes de son univers par les vitesses de rotation des étoiles cachées autour d'une galaxie cachée. Les ondes gravitationnelles produites par le mouvement des corps sur notre univers-brane devraient se propager dans les dimensions cachées ou supplémentaires de cette brane. Prises entre notre brane et la brane-ombre, elles reviendraient vers nous.

Selon l'hypothèse de l'existence d'une seule brane, comme dans le modèle Randal-Sundrum, où les dimensions supplémentaires s'étendent à l'infini, les ondes gravitationnelles, ainsi que l'énergie s'échapperaient de notre monde branaire.

*La brane des éternités perdues sauve l'âme universelle. Le chemin ouvre des mondes sur d'autres mondes, fenêtres successives.*

*Je ne sens plus la terreur des passés, des futurs. Avec sérénité, un univers se rappelle ses premiers pas qui continuent les derniers de son prédécesseur.*

*Le décor respire l'ordre des lentes expansions et contractions,*
*des luttes entre branes visibles ou invisibles, du temps donné.*
*L'écho des crépuscules à venir résonne pour longtemps.*

Stephen Hawking fait une analyse fascinante de ce monde
branaire, qui remplacerait les concepts connus de la cosmologie classique. Il considère que les ondes gravitationnelles
émises par les trous noirs d'une brane peuvent pénétrer les
dimensions supplémentaires d'une autre brane. La communication entre les trous noirs de ces deux branes deviendrait
alors possible.

Les branes sont sujettes aux fluctuations quantiques. Elles peuvent apparaître et disparaître de façon spontanée. Hawking
compare l'apparition des branes à des bulles de vapeur produites par l'ébullition de l'eau. Des fluctuations dans le vide
créeraient des bulles, dont la surface serait la brane et l'intérieur un espace à plusieurs dimensions.

Du point de vue de la nature du temps, la création spontanée
des branes peut avoir lieu de deux façons. Dans le temps réel,
la brane serait soumise au processus inflationnaire, connu dans
le modèle standard de l'Univers. Dans le temps imaginaire, la
brane s'étendrait de façon infinie sur le mode inflationnaire du
temps réel. L'évolution caractérisée par l'apparition des galaxies
et de la vie ne pourrait pas être liée à l'histoire de cette brane
du temps imaginaire.

Hawking décrit trois modèles mathématiques qui essayent
d'expliquer ce qui existe à l'extérieur des branes. Dans un premier modèle, la brane ayant un espace intérieur multidimensionnel n'est entourée par absolument rien, pas même le vide.

Un deuxième modèle donne l'image d'une bulle collée sur une autre bulle similaire, à l'extérieur desquelles il n'y a rien. Selon un troisième modèle, la bulle s'étendrait dans un espace complètement différent du sien.

Selon la Théorie M de l'Univers branaire, le Big Bang serait le résultat de la collision des branes.

*Les habitants du monde-ombre continuent la saga cosmique.*

*Ils retournent aux dimensions multiples, figés par le temps réel dans un miroir imaginaire. Témoins de l'Univers-brane, ils traversent la douleur de leur parcours.*

*Le rien n'est pas le vide. Des bulles, réveillées dans les eaux du rien, s'élèvent vapeurs pour alerter les anges.*

*Le rien n'est pas l'ensemble. Des branes ouvrent le temps des mondes immortels.*

# Épilogue

*L*'*Univers est vérité inimaginable. Des énergies colossales, cy-cliques, sans début, sans fin et sans contraintes donnent le vertige au désir de connaissance.*

*L'espace multidimensionnel s'intègre aux rondeurs du temps pour que la matière émette le rayonnement de sa force.*

*Étoiles, galaxies, énergie sombre, trésors des mondes branes, soumis à l'attraction des masses, aux dimensions cachées, ensemble mesuré par la cadence des nombres.*

*Une fois, une fois seulement, la vie m'a rencontrée sans mon savoir. Elle me revêt de jours, de nuits, de luttes dérisoires.*

*Innocente de toute l'éternité avant et après moi, j'accepte le défi d'affirmer ou de nier, à l'intérieur des masses sombres, les étoiles de bonheur qui me précèdent dans la mort.*

*Et Dieu? Habitat de ma crainte envers cette disparition nécessaire à la richesse des champs quantiques.*

*Chaque fois qu'une existence nouvelle jaillit dans l'Univers des branes et des douleurs, il se fait Dieu pour la défendre.*

# Table des matières

# Bibliographie

Les titres de cette bibliographie m'ont guidée sur la voie des mystères universels. Ils représentent quelques-unes des plus importantes œuvres, dédiées par les chercheurs aux sciences de l'Univers.

J'ai découvert dans ces ouvrages l'émerveillement face aux joyaux de l'environnement cosmique. Pour tout ce que j'ai compris et désiré apprendre, je voue aux auteurs que je cite une reconnaissance illimitée.

Brahic André, *Enfants du Soleil,* Éditions Odile Jacob, 1999.
Cassé Michel, *Du vide et de la création,* Éditions Odile Jacob, 1993.
Cassé Michel, *Généalogie de la matière,* Éditions Odile Jacob, 2000.
Davies Paul, *God and the New Physics,* Dent and sons, 1983.
Einstein Albert, *The Meaning of Relativity,* Fifth Edition, Princeton University Press, 1956.
Einstein Albert, *La Relativité,* Petite Bibliothèque Payot, 1956.
Feynman Richard, *Lumière et matière, une étrange histoire,* Interéditions, 1987.
Greene Brian, *The elegant Universe,* Vintage Books, 2000.
Gribbin John, *In search ot the Big Bang,* Bantam Books, 1986.
Gribbin John, *The Omega Point,* Bantam Books, 1988.
Hawking Stephen, *Une brève histoire du temps,* Flammarion, 1989.
Hawking Stephen, *L'Univers dans une coquille de noix,* Éditions Odile Jacob, 2001.
Heisenberg Werner, *Physique et philosophie,* Albin Michel. 1961.
Jacquard Albert, *De l'angoisse à l'espoir,* Calmann-Lévy, 2002.

Merleau-Ponty Jacques, *Les trois étapes de la cosmologie,* Robert Laffont, 1971.

Newton Isaac, *The Principia. Mathematical Principles of Natural Philosophy.* A New Translation by I. Bernard Cohen and Anne Whitman, University of California Press, 1999.

Poundstone William, *The recursive Universe,* William Morrow and Company, 1985.

Prigogine Ilya, *Physique, temps et devenir,* Masson, 1980.

Reeves Hubert, *Patience dans l'azur,* Seuil, 1981.

Reeves Hubert, *La première seconde,* Seuil, 1995.

Scientific American – Special Edition – *A Matter of Time,* Vol. 287, No. 3, septembre 2002.

Scientific American – Special Edition – *The once and future Cosmos,* Vol. 12, No. 2, Display until December 31, 2002.

Steinhardt Paul and Neil Turok, *The Cyclic Universe* (a paper), astro-ph/0204479 V1, 2002.

Weeks Jeffrey, *The shape of space,* Marcel Dekker Inc., U.S.A, 2002.

# Livres publiés par Christine Dumitriu van Saanen

*Chansons. Poésie,* Éditions C.L.É., Montréal, 70 pages, 1979.

*Poèmes pour Demain. Poésie,* Éditions Naaman, Sherbrooke, 100 pages, 1981.

*Le Poème des Objets. Pensées et poésie,* Éditions Naaman, Sherbrooke, 83 pages, 1983.

*Renaissance. Théâtre,* Éditions Naaman, 80 pages, 1985, pièce jouée à Calgary et Edmonton.

*Les Fruits de la Pensée. Poésie,* Éditions des Plaines, Saint-Boniface, 90 pages, 1991.

*Poèmes pour l'Univers. Poésie,* Éditions des Plaines, Saint-Boniface, 75 pages, 1993.

*Millénaire. Poésie,* Éditions des Plaines, Saint-Boniface, 70 pages, 1995.

*Sablier. Poésie,* Éditions des Plaines, Saint-Boniface, 66 pages, 1997.

*L'Univers est, donc je suis. Essai poétique,* Éditions des Plaines, Saint-Boniface, 76 pages, 1998.

*Mémoires de la Terre. Poésie,* Éditions du GREF, Toronto, 71 pages, 1999.

*Heures sables/Orele de nisip. Poèmes choisis,* version bilingue (français/roumain), traduction en roumain de Maia Cristea Vieru. Poèmes choisis des recueils de poésie *Mémoires de la Terre* (Gref, 1999), *Millénaire* (Plaines, 1995), *Sablier* (Plaines, 1997), Éditions Humanitas, Montréal, 2001.

*Sur la réalité. Réflexions en marge d'un monde. Essai,* Éditions du GREF, Toronto, 92 pages, 2001.

*On reality, Meditations / Sur la réalité. Réflexions en marge d'un monde* (traduction anglaise de Mark Stout), essai bilingue, Éditions du GREF, Toronto, 210 pages, 2002.

Dans le domaine de la géologie

*Notions et Méthodes de sédimentologie. Traité,* 130 pages, Institut géologique de Bucarest, 1967. Traduit en roumain et en anglais.

**La saga cosmique**
est le deux cent cinquante-deuxième titre
publié par les Éditions du Vermillon.

Composition
en Garamond, corps douze sur quinze
et mise en page
**Atelier graphique du Vermillon**
Ottawa (Ontario)

Infographie de la couverture
**Christ Oliver**

Films, impression et reliure
**Imprimerie Gauvin**
Gatineau (Québec)

Achevé d'imprimer
en février 2003
sur les presses de
l'imprimerie Gauvin
pour les Éditions du Vermillon

ISBN 1-894547-62-4
Imprimé au Canada